LES GRANDS ARTISTES

J. F. MILLET

nry MARCEL

LES GRANDS ARTISTES

J.-F. MILLET

LES GRANDS ARTISTES

COLLECTION D'ENSEIGNEMENT ET DE VULGARISATION

Placée sous le Haut Patronage

DE

L'ADMINISTRATION DES BEAUX-ARTS

Volumes parus

Raphaël, par Eugène Muntz.
Albert Dürer, par Auguste Marguillier.
Watteau, par Gabriel Séailles.
Rubens, par Gustave Geffroy.
Eugène Delacroix, par Maurice Tourneux.
Léonard de Vinci, par Gabriel Séailles.
Titien, par Maurice Hamel.

Volumes à paraître

Poussin, par Paul Desjardins.
Ingres, par J. Momméja.
Puget, par P. Auquier.
Gainsborough, par Gabriel Mourey.
Velazquez, par Elie Faure.
Louis David, par Charles Saunier.
Maurice Quentin de la Tour, par Maurice Tourneux.

6686-03.— Corbeil. Imprimerie Éd. Crété.

LES GRANDS ARTISTES

LEUR VIE — LEUR ŒUVRE

J.-F. MILLET

PAR

HENRY MARCEL

CONSEILLER D'ÉTAT

MEMBRE DU CONSEIL SUPÉRIEUR DES BEAUX-ARTS

BIOGRAPHIE CRITIQUE

ILLUSTRÉE DE VINGT-QUATRE REPRODUCTIONS HORS TEXTE

PARIS

LIBRAIRIE RENOUARD

HENRI LAURENS, ÉDITEUR

6, RUE DE TOURNON (VIe)

JEAN-FRANÇOIS MILLET

I

Aussi loin que l'on remonte, dans l'étude de la peinture de paysage, chez les Hollandais qui en furent les créateurs, chez les Anglais et chez nous, on doit constater que les artistes, quelque différents que fussent leurs points de vue, qu'ils s'attachassent à rendre naïvement les sites familiers à leurs yeux, ou, comme en France, à arranger la nature en décors destinés à encadrer des épisodes héroïques, n'ont jamais établi un lien de dépendance, un rapport d'intime parenté entre les lieux représentés et les personnages qu'ils y plaçaient.

Ce fut l'innovation propre de Millet d'exprimer, sous des aspects multiples, cette association de l'homme et de la terre, telle que nous la montre la réalité de chaque jour. « Quand vous peignez un tableau, disait-il, que ce soit une maison, un bois, une plaine, l'Océan ou le ciel, songez toujours à la présence de l'homme, à ses affinités de joie ou de souffrance avec un tel spectacle ; alors une voix intime vous parlera de sa famille, de ses occupations, de ses inquiétudes, de ses prédilections ; l'idée entraînera dans cette orbite l'humanité tout entière; en créant un paysage, vous penserez à l'homme; en créant un homme, vous penserez au paysage. » La difficulté était grande, de réussir à combiner les deux éléments sans sacrifier l'un à l'autre, sans réduire la nature au rôle de toile de fond, ou l'homme à celui de comparse. Il ne semble même pas qu'il l'ait soupçonnée, tant la fusion est aisée dans ses œuvres, tant le milieu et l'action y occupent leur place et y affectent leur importance exacte. C'est qu'il était né et avait grandi dans des conditions toutes particulières, que cette nature habitée qu'il se voua à peindre, il ne l'avait jamais contemplée d'une façon extérieure, détachée en quelque sorte, mais qu'il y avait baigné dès sa première heure et en avait fait partie intégrante, en sa double qualité d'enfant des champs et d'ouvrier du sol. A ce point de vue, sa biographie éclaire ses ouvrages de la lumière la plus nette, et le récit de ses jeunes années explique, mieux que tout commentaire, le caractère vécu, la saveur terrienne de son art.

Jean-François Millet naquit à Gruchy, hameau de la commune de Gréville, situé à quelques kilomètres de Cherbourg, le 4 octobre 1814, d'une famille de cultivateurs aisés. Autour de l'aïeule, Louise Jumelin, veuve depuis quinze ans, se groupaient son fils, Jean-Louis-Nicolas Millet, sa bru, Aimée-Henriette-Adelaïde Henry, et leurs enfants; l'artiste fut le deuxième sur huit. C'était un milieu vraiment patriarcal : la maîtresse de maison, hospitalière, charitable, humble et soumise devant Dieu;

son frère Charles, ancien prêtre insermenté d'une haute vertu, d'une simplicité évangélique, type original de curé laboureur : Jean-Louis-Nicolas, d'esprit contemplatif, très doué pour la musique, sensible à toutes les beautés naturelles; sa femme, régulière et pieuse, tout ce monde menait dans un climat rude, sur les pentes escarpées dévalant vers la mer, qui rendaient le labour et les charrois difficiles, une vie active, traditionnelle et exemplaire.

Le petit Jean-François fut le favori et la passion de sa grand'mère qui le berçait en chantant, lui apprenait les noms et les propriétés des choses, lui ouvrait les yeux aux merveilles de la création ; le grand-oncle vagabondait avec lui, lui contait des histoires, lui faisait épeler ses lettres. L'enfant le perdit, n'ayant encore que sept ans, mais cette originale et douce figure lui resta jusqu'au dernier jour présente. A douze ans, le vicaire qui le préparait à la première communion, lui trouvant une curiosité éveillée et intelligente, lui donna des leçons de latin. Les *Bucoliques*, les *Géorgiques* le transportèrent ; il y retrouvait l'écho agrandi, poétisé, de ses sensations devant la nature agreste, et s'émerveillait à ces vers d'un pittoresque tour à tour si grandiose et si paisible :

Mugitusque boum, mollesque sub arbore somni...
Majoresque cadunt celsis de montibus umbrae...

Le vicaire ayant été promu à une cure voisine, on décida qu'il l'y suivrait. Mais cet exil lui fut si dur, qu'à ses premières vacances on le garda définitivement. Cependant sa qualité de fils aîné lui traçait sa voie, il dut aider le père dans les travaux de la terre, et, selon les saisons, faucher, faner, battre en grange, vanner, fumer, labourer, semer. A la veillée, le corps las, mais l'esprit dispos, il dévorait les livres du grand-oncle et de la grand'mère, la vie des saints, les *Confessions* de saint Augustin, les *Lettres* de saint Jérôme, Bossuet, Fénelon. Mais le Virgile et une Bible en latin restèrent ses compagnons de prédilection.

Déjà, d'ailleurs, l'art le sollicitait obscurément ; il aimait à croquer, çà et là, des scènes vues, des types familiers. M. Ginisty, au cours d'une visite dans la région, a trouvé à Landemer, où Auguste Millet, un des frères du peintre, tenait une auberge, des gravures tirées de sa main, un petit tableau : *la Vierge soutenant la tête du Christ mort,* destiné à sa grand'mère, et chez un voisin, un dessin de grandes dimensions, fait à dix-sept ans, représentant deux bergers, l'un assis, l'autre gardant ses moutons. A Gréville même, dans la petite maison de galets de son enfance, qu'habitait encore une de ses sœurs, veuve d'un douanier, se voyaient, sur une porte, des grenouilles dansantes dessinées à dix ou douze ans, et, dans une chambre du haut, une peinture presque effacée, un bouquet de fleurs, copié dans le jardin et placé là pour récréer les yeux de sa mère malade. « Tenez, disait Millet à Sensier, au cours de son dernier séjour à Gréville, en 1871, c'est dans cette chambre que mon père faisait sa méridienne ;

Cliché Neurdein.

LES GLANEUSES

(Musée du Louvre.)

c'est de là, qu'à travers cette petite fenêtre, je dessinais notre jardin et tout ce que je voyais. Ah ! j'entends encore la respiration de mon père, quand je crayonnais quelque arbre ; j'aimais à le sentir près de moi et à le voir en son repos. » D'autre part, on conte encore au village qu'il excellait à tous les exercices physiques et aux travaux manuels, s'amusant à sonner les cloches, sculptant le bois, tournant des toupies monstres.

Un vieillard cheminant, qu'il charbonna de souvenir, à dix-huit ans, frappa tellement son père, par la justesse du mouvement, qu'il le conduisit à Cherbourg, muni de deux dessins : les bergers dont nous avons parlé plus haut, et un effet de nuit : des hommes portant des pains. Le professeur consulté, un certain Mouchel, élève de David, en fut également impressionné, et prit le garçon en apprentissage ; intelligent et observateur, cet artiste oublié aimait Téniers, Brauwer, Rembrandt ; il lui fit copier des gravures et dessiner d'après la bosse. Au bout de deux mois, une maladie foudroyante de son père rappela Millet à Gréville : il le trouva déjà sans voix et sans connaissance, et le perdit le 29 novembre 1835.

Devenu chef de famille par cette mort (l'aîné des enfants était une fille), il assuma courageusement l'exploitation du domaine ; mais sa pensée était loin, l'art était désormais son maître. La grand'mère le dissuada de continuer, et il retourna à Cherbourg. Il entra à l'atelier de M. Langlois, élève de Gros, fort considéré dans la ville ; il ne tira pourtant pas grand profit de son enseignement, et se forma tout seul au Musée, où il fit plusieurs copies ; dans l'intervalle, il lisait avec ardeur tout ce qui lui tombait sous la main, et parmi beaucoup de fatras, Shakespeare, Byron, Walter Scott, Goethe, Chateaubriand, Homère, que lui prêtait un jeune commis de librairie, M. Feuardent, son ami. Il travailla avec Langlois, dans l'église de la Trinité, à deux grandes scènes de l'histoire sacrée, où il fut chargé notamment des mains et des draperies.

Cependant son maître, pleinement conscient de son impuissance à le pousser plus loin, demanda au conseil municipal d'examiner trois de ses dessins, et de l'envoyer, si l'impression lui était favorable, à Paris avec une pension. On vota difficilement, à la voix prépondérante du maire, 400 francs, auxquels le conseil général, après un premier refus, en ajouta 600 ; aux deux budgets suivants, les mêmes tiraillements devaient se reproduire. Millet partit, le cœur gros de laisser tous les siens. Il arriva le soir, par la neige, et, dans son froid et minable hôtel garni, fut pris d'une crise de larmes. C'était en janvier 1837. Bien accueilli par plusieurs personnes pour qui il avait des lettres de recommandation, un sentiment d'indépendance ombrageuse le détourna de chez elles. Il fut pris en pension par un M. L..., mais le quitta bientôt, chassé par la trop maigre chère et surtout par l'irritabilité de sa logeuse, dont il n'avait pas su, paraît-il, comprendre les avances.

C'était le moindre de ses soucis : il avait fait du Louvre son séjour habituel, caressé par les primitifs, fasciné

LE SEMEUR

par Mantegna, transpercé jusqu'au cœur par le pathétique d'un dessin de Michel-Ange. Nos artistes du XVIIe siècle, Lesueur, Lebrun, Jouvenet, lui semblèrent « très forts », mais Poussin, si profond, si philosophique, l'eût retenu sa vie durant. Si nos petits maîtres lui parurent maniérés et artificiels, la force épanouie de Rubens le charma, de même que l'ampleur noble des grands Vénitiens. Rembrandt l'intrigua, le troubla, mais il ne le pénétrait pas encore. Au Luxembourg, le lyrisme orageux de Delacroix le rendait insensible à tout le reste. Il ne laissait pas de faire, tout en lisant Vasari à ses moments perdus, des démarches pour être admis dans un atelier en vogue. Il entra enfin chez Paul Delaroche. Il y fut isolé et incompris, une sauvagerie un peu bourrue écartait de lui les sympathies ; son maître se montra indécis à son égard : parfois attiré par la spontanéité de vision dont témoignaient ses essais, la brutalité du métier le rebutait bien vite.

Entre temps, Millet, logé rue d'Enfer, faisait le portrait des domestiques, du charbonnier, des concierges, et, l'argent faisant défaut pour sa cotisation à l'atelier, cessait d'y fréquenter. Delaroche, qu'il intéressait néanmoins, lui fit secrètement remise des frais. Un mot de ce dernier vers cette époque, que rapporte Sensier, atteste qu'il entrevoyait une des grandes originalités du futur auteur des *Glaneuses*. Comme un de ses camarades le malmenait en disant : « Le voilà encore qui fait du chic et qui invente ses muscles ! » Delaroche, qui entrait, répliqua : « L'étude de la nature est indispensable, excellente, mais il faut aussi savoir travailler de mémoire. Il a raison, lui (en montrant Millet), il fait servir ses souvenirs. Lorsque j'ai commencé mon *Hémicycle*, j'ai cru que, faisant poser le modèle, j'aurais l'attitude de mes personnages. Mais je m'aperçus bien vite que je n'aurais que de beaux modèles sans cohésion entre eux. Je vis qu'il fallait inventer, créer, coordonner et produire des figures propres aux caractères de chaque individualité. Il fallut me servir de ma mémoire. Faites donc comme lui, si vous pouvez. »

Cependant Millet fut admis au concours de Rome, mais comme Delaroche lui déclara qu'il ne fallait pas songer au prix avant l'année suivante, parce qu'il comptait employer tous ses efforts à faire passer Roux, un autre de ses élèves, cette sorte d'avancement convenu, réglementé, le dégoûta, et il quitta l'atelier. Il s'était lié depuis quelque temps avec un de ses camarades, esprit aimable et fin, nommé Marolle; ils louèrent en commun, rue de l'Est, et passaient les heures libres à lire des vers et à discuter Musset. La pension arrivait très irrégulièrement, il fallait vivre en l'attendant. Après avoir esquissé une petite *Charité* allaitant trois nourrissons, d'un sentiment assez mélancolique, notre artiste, sur le conseil de son ami, composa des pastiches de Boucher et de Fragonard, que Marolle ornait de titres affriolants, mais que les marchands, faisant les dédaigneux, se refusaient à jamais payer plus de 20 francs. Il peignit même des portraits — non signés, bien entendu — à 10 et 5 francs.

PAYSAN GREFFANT UN ARBRE

Il n'en poursuivait pas moins avec assiduité l'étude du modèle vivant et de l'antique, compulsant le soir, à la bibliothèque Sainte-Geneviève, les ouvrages où quelques grands artistes avaient formulé leur conception du beau. C'est en 1840 qu'il affronta pour la première fois le Salon, avec deux portraits, ceux de Marolle et d'un parent. Le dernier fut seul admis, et passa inaperçu de la critique, comme du public.

Au cours d'un voyage qu'il fit, l'année suivante, à Cherbourg, le conseil municipal, qui surveillait avec quelque inquiétude cette carrière lente et, à son sens, improductive, chercha à en avoir le cœur net, en lui commandant, moyennant 300 francs, un portrait du maire récemment décédé, M. Javain, pour la salle de ses séances. Millet, qui n'avait jamais vu le défunt, réduit à travailler sur une miniature peu ressemblante de M. Javain jeune homme, fit naturellement un ouvrage de chic. Le crédit fut rejeté à l'unanimité, le portrait présentant « un caractère de dureté entièrement opposé à la physionomie qui caractérisait cet honorable magistrat » et M. Millet ayant déclaré « qu'il avait cru devoir chercher à faire un beau portrait, plutôt qu'un portrait ressemblant ». Sur les réclamations de l'artiste, on lui jeta une aumône de 100 francs, qu'il refusa, en avisant la municipalité qu'il lui faisait cadeau du tableau ; les choses, dès lors, changeaient de face et l'œuvre fut accrochée, séance tenante, au panneau qui l'attendait. Mais l'incident laissa des traces, et beaucoup de bonnes volontés se détournèrent, pour un temps, de

Millet, dont les envieux firent rage. Durant ce séjour dans son pays, sans préjudice de nombreux portraits, Millet traita plusieurs scènes se rapportant à la vie maritime : matelots raccommodant une voile, pêcheurs près d'une barque, sauvetage d'un matelot, et fit même diverses enseignes commerciales : une Sainte Barbe enlevée au ciel lui fut payée 300 francs par un médecin ami de sa famille.

C'est à cette époque que remonte son premier mariage, avec une jeune fille de Cherbourg dont il peignait le portrait, Mlle Ono. De tempérament maladif, elle devait lui être enlevée en 1844, après de longues souffrances. De retour à Paris, il prépara ses envois au Salon de 1842, qui furent tous deux refusés. Sans se décourager, il continua d'étudier les maîtres, Corrège en particulier, à qui il demandait le secret des beaux modelés fondus dans la demi-teinte. Il n'envoya rien à l'exposition de 1843, mais il fut, pour la première fois, remarqué au Salon suivant, avec une *Femme portant une cruche de lait*, et une *Leçon d'équitation*, pastel frais et lumineux représentant des enfants qui jouent au cheval. Son intérieur n'avait pourtant jamais été plus morne : des soins rebutants, des veillées au chevet d'une moribonde, de continuels manques d'argent, des fournisseurs menaçants et injurieux, il ne fallait pas moins, pour endurer tout cela, que le sentiment d'une vocation de jour en jour affermie et d'un talent en pleines promesses.

Thoré avait signalé la laitière, « petite esquisse dans le

LE BERGER

sentiment de Boucher », et loué le pastel. Lors du voyage à Cherbourg qui suivit le veuvage de Millet, l'accueil de ses concitoyens fut pour lui réconforter le cœur. Il était alors en pleine possession d'une première manière tendre, blonde et fleurie qui s'affirme, avec tout son charme, dans le portrait de la petite Antoinette Feuardent, pieds nus et coiffée d'un foulard rose, se faisant de gentilles grimaces devant une glace. Le succès de cet ouvrage lui valut la proposition officielle d'enseigner le dessin au collège de Cherbourg, il la déclina. Peu après, il prenait pour compagne Mlle Catherine Lemaire, de Lorient, qui devait être l'associée dévouée et fidèle de toute sa vie. Un assez long arrêt au Havre, en rentrant à Paris, donna naissance à de nombreux portraits, dans le monde de la marine de commerce, et à celui du consul de Suisse. Il s'y joignit plusieurs tableaux de genre, dans le goût sentimental et galant de Tassaert, un *Daphnis et Chloé* pêchant à la ligne, d'une gracieuse naïveté, une *Leçon de flûte*, inspirée d'André Chénier, enfin l'*Offrande à Pan*, aujourd'hui au musée de Montpellier, composition pleine d'une fougue sensuelle que trahissent, par malheur, la faiblesse et le convenu du dessin.

Beaucoup d'autres, moins connus, suivirent ; il en fit une exposition dont il fut parlé, et il n'eût tenu qu'à lui d'amorcer alors une carrière « brillante », dont la vogue l'eût disputé à celle des Baron, des Roqueplan et des Chaplin. Mais les charges et les devoirs de la vie de famille allaient définitivement tourner son esprit vers les choses sérieuses, et imprimer à son talent ce caractère austère où se reflètent, en même temps que le souci des grands problèmes sociaux, les préoccupations plus terre à terre de la vie pratique et du pain à gagner chaque jour.

Le jeune ménage s'installa à Paris, rue Rochechouart, en décembre 1845, au milieu d'une colonie d'artistes et d'hommes de lettres, Charles Jacque, Séchan, Diéterle, Azevedo. La première œuvre qui y vit le jour fut un *Saint Jérôme* en proie aux tentatrices, qui fut refusé au Salon de 1846, et sur lequel l'artiste peignit, depuis, *Œdipe détaché de l'arbre*. Entre temps, les marchands, embauchés par la verve enthousiaste de Diaz devenu, de voisin, ami très chaleureux, commençaient à fréquenter l'atelier de Millet. Les sujets d'idylle se succédaient sur son chevalet, mais peu à peu la réalité rustique s'y faisait place : un *Homme roulant une brouette d'herbe*, une *Jeune fille portant un agneau*, se glissèrent parmi les Décamérons et les Baigneuses.

Au Salon de 1847 parut l'*Œdipe* : c'était une composition touffue jusqu'à la confusion, mais peinte en pleine pâte, avec un vif sentiment des belles matières. Thoré, Th. Gautier en furent très frappés ; à travers leurs restrictions, on sentait la curiosité et comme le pressentiment d'une grande destinée artistique. Cependant le mouvement politique se précipitait, une révolution était dans l'air : Millet, attaché aux idées de tradition et d'ordre, la voyait approcher avec inquiétude; néanmoins les préoccupations ambiantes l'influençant, la beauté du travail

LE PARC A MOUTONS

manuel, la lutte victorieuse de l'homme contre la matière, l'attachaient au spectacle de la vie ouvrière : des *Carriers tirant des moellons au treuil*, des *Terrassiers occupés aux éboulements de Montmartre*, sortirent de cette inspiration; mais d'une telle existence il voyait aussi la précarité et les déchéances : une *Mère demandant l'aumône*, le *Lundi de l'ouvrier*, avec sa lourde ivresse, les exprimèrent, non sans éloquence.

Au Salon de 1848, librement ouvert à tous, l'artiste envoya un *Vanneur* et la *Captivité des Juifs à Babylone*. Tout le succès alla au premier, qui constitue son véritable début dans le genre où il allait s'illustrer. Sa vision personnelle n'y est pas moins fixée que sa technique. Le sérieux apporté à la représentation des besognes rurales, la simplification des silhouettes qui accentue et élargit le geste, la beauté de l'enveloppe atmosphérique qui relie les formes vivantes au milieu pittoresque, tous ces traits si caractéristiques y sont déjà relevés par Th. Gautier en quelques lignes : « Le *Vanneur*, qui soulève son van, de son genou déguenillé, et fait monter dans l'air, au milieu d'une colonne de poussière dorée, le grain de sa corbeille, se cambre de la manière la plus magistrale. Il est d'une couleur superbe; le mouchoir rouge de sa tête, les pièces bleues de son vêtement délabré sont d'un caprice et d'un ragoût exquis. L'effet poudreux du grain, qui s'éparpille en volant, ne saurait être mieux rendu, et l'on éternue à regarder ce tableau. » La *Captivité des Juifs* paraissait par contre, au critique, alambiquée et brutale à la fois.

Sensier y loue une disposition savante, les beaux bras expressifs des femmes et l'heureux effet de leurs voiles noirs. Le tableau a disparu, l'artiste ayant peint dessus sa grande *Tondeuse de moutons*.

Pendant ce temps, le pain manquait chez Millet; des amis arrachèrent pour lui à la direction des Beaux-Arts un « encouragement » de 100 francs. Un mois plus tard, arrivait une commande de l'État, de 1800 francs, due à l'active amitié de Jeanron, et Ledru-Rollin achetait le *Vanneur* 500 francs, pour son compte personnel. Millet fit des peintures de circonstance : une *République*, pour un concours officiel, et deux *Liberté*. La première ne fut point primée, les autres ne se vendirent pas. La misère sévit de nouveau. Une enseigne de sage-femme, payée 30 francs, arriva à point, à la veille de Juin, pour nourrir la maisonnée. Pendant les sinistres journées qui suivirent, Millet fit le coup de feu dans la garde nationale du parti de l'ordre; mais ces massacres l'écœuraient, il se sauvait dans les champs, y enlevant fiévreusement de magnifiques esquisses. La commande du ministère prit la forme d'une *Agar au désert*; au moment de la terminer, l'artiste y substitua des *Faneurs au repos, près de meules de foin*.

1849 est une grande date dans sa vie, celle de l'exode à Barbizon; le choléra, brochant sur l'émeute des Arts-et-Métiers, l'avait décidé à quitter Paris. Il partit avec les siens et Charles Jacque. Théodore Rousseau, Belly, d'autres encore, étaient déjà installés sur la lisière de la

L'ANGELUS

Collection Chauchard.

forêt, dans le village qu'ils ont rendu célèbre à eux tous. Les nouvelles recrues furent accueillies à bras ouverts: la liaison avec Rousseau se forma assez vite, les deux hommes sympathisaient dans leur amour passionné de la nature, dans leur haute conception de l'art; leur amitié alla toujours s'affermissant, jusqu'à former une sorte d'identification intellectuelle et morale. Tous deux y trouvèrent leur compte, mais si Rousseau, solitaire, torturé par l'incurable folie de sa femme qu'il adorait, chercha souvent l'apaisement dans le spectacle de la félicité domestique de Millet, celui-ci dut à son ami plus âgé, déjà presque arrivé, non seulement l'encouragement du conseil et de l'exemple, mais, dans ses fréquents et parfois cruels embarras d'argent, un secours matériel qui savait prendre, pour se faire accepter, les déguisements les plus délicatement ingénieux.

Tous deux avaient loué des ateliers chez des paysans, et vécurent d'abord dans l'auberge bien connue du père Ganne. Mais la gêne et les pertes de temps de cette double installation décidèrent bientôt Millet à se mettre dans ses meubles. Il emménagea dans une maisonnette de trois pièces, s'arrangea un atelier dans une ancienne grange; le jardin y attenant confinait à la fois à la forêt profonde, où il se plongeait avec délices, et à une vaste plaine où la vue s'étendait sans obstacle sous l'infini du ciel, et que le soleil embrasait chaque soir de ses funérailles glorieuses.

Il vivait là selon son cœur, semant, plantant, bêchant toute la matinée, et passant l'après-midi à sa peinture.

Le dîner suivait, dont Burty nous a laissé ce joli croquis : « Un soir nous l'avons vu dominant de son buste saillant et de sa tête grave la longue table sans nappe, autour de laquelle une demi-douzaine d'enfants tendaient vers la soupière fumante des assiettes de terre. Sa femme cherchait à endormir sur ses genoux un enfant en danger. Il y avait de grands silences où l'on n'entendait plus que le ronron des chats pelotonnés devant l'âtre. » Puis, si quelque ami survenait, de longues causeries s'engageaient à bâtons rompus sur la littérature, les hautes spéculations et l'art, que Millet ne séparait pas dans sa pensée, rattachant le cycle des opérations rustiques qui l'entouraient à tout l'infini de l'histoire, et contemplant toutes choses *sub specie æterni.*

Cette existence de philosophe en sabots, qui conciliait enfin ses instincts héréditaires et ses aspirations idéales, répondait si parfaitement à sa personnalité, constituait un cadre si bien adapté à son génie, qu'à part trois courts voyages en Bourbonnais, motivés par la santé de sa femme, quelques visites au pays, et une petite « débauche » que Sensier lui fit faire en Alsace et en Suisse, il ne bougea plus jamais de son nid. C'est là qu'allait éclore, dans une succession tranquille et continue, cette œuvre si étonnamment homogène qu'il n'avait que pressentie jusqu'alors, mais dont le germe, trouvant enfin un terrain à sa convenance, s'épanouit, jusqu'à sa mort, en fructifications magnifiques.

LE BUCHERON ET LA MORT
(Musée Jacobsen à Copenhague.)

II

Le premier tableau sorti des méditations de Barbizon fut un *Semeur*. Millet avait été frappé, comme tout observateur, de la puissance et de la majesté du geste qui lance les grains au sillon. Sur cette terre nue, qui attend la fécondation, il semble que l'envol du bras prenne l'envergure solennelle d'une bénédiction du sol laborieux et patient, et le rythme d'un encensement propitiatoire vers le mystérieux dispensateur des rayons et des pluies. Il sut faire passer dans sa toile quelque chose de ce sentiment. Son paysan n'était cependant certes pas idéalisé; écoutons Gautier : « De sombres haillons le couvrent, sa tête est coiffée d'une sorte de bonnet bizarre, il est osseux, hâve et maigre sous cette livrée de misère, et pourtant la vie s'épand de sa large main, et, avec un geste superbe, lui, qui n'a rien, répand sur la terre le pain de l'avenir. »

Des *Botteleurs* de foin accompagnaient le *Semeur* au Salon de 1850 : on fut d'accord pour en louer la mimique expressive, cette sorte de corps à corps des hommes avec les gerbes qu'ils étreignaient en haletant, sous un ciel aux souffles de fournaise. Somme toute, cette exposition consacra l'avènement de Millet dans la petite élite artistique qui avait son interprétation personnelle de la vie et une manière à elle de la traduire.

De cette époque datent d'autres compositions importantes : *le Paysan et la paysanne allant travailler aux champs*, dont il fit par la suite une belle eau-forte, la *Femme broyant du lin*, les *Ramasseurs de bois dans la forêt*. D'autres suivirent : *Jeunes femmes qui cousent*, par lesquelles il inaugura cette série d'intérieurs paisibles où le travail est silencieux et recueilli comme une prière du cœur : l'*Homme qui répand du fumier*, où s'affirmaient son parti pris de ne dédaigner aucunedes « façons » les plus humbles de la terre, et sa conviction que le sérieux du sentiment et l'utilité du but suffisent à les ennoblir.

Sur ces entrefaites, sa grand'mère, cet être vénérable qui représentait pour lui ce qu'il y avait de plus auguste en ce monde, succomba à la paralysie qui l'immobilisait depuis longtemps. Millet ne put l'embrasser une dernière fois; son chagrin fut immense, il avait de longs silences qu'entrecoupaient seuls de soudains jaillissements de larmes. Sa mère, malade également, et qui, s'illusionnant peu sur sa fin prochaine, lui prodiguait en vain les appels, les pressantes nécessités de la vie retenant de jour en jour Millet à son foyer, mourut aussi sans le revoir, deux ans après, en 1853. Avec elle se brisait le dernier chaînon qui le reliât au passé. Ce fut un nouveau désespoir, auquel le travail parvint seul à l'arracher.

Il avait à préparer son Salon. Il triompha auprès des gens de goût avec son *Repas de moissonneurs*, que Paul de Saint-Victor caractérisait ainsi : « Son tableau... est une idylle d'Homère traduite en patois. Les rustres, assis à l'ombre des meules de foin qui pyramident dans la plaine, sont d'une laideur superbe, brute, primitive, pareille à celle des statues éginétiques et des figures de captifs sculptées sur les tombeaux égyptiens. On les dirait tous sortis directement des flancs de la vieille Cybèle, dont ils ont gardé la couleur terreuse et les rudes arêtes. A la bonne heure! Voilà de la poésie et de la majesté populaire!.. » La *Tondeuse de moutons* qui les avoisinait, première pensée d'un sujet qu'il reprit en plus grand, plut aussi par la naïveté de l'expression et la saveur du faire. Ces deux tableaux valurent à Millet une seconde médaille, et tous ses envois furent achetés.

La gêne néanmoins hantait toujours sa maison, assiégée par les créanciers et menacée par l'huissier. Quelques ventes opportunes lui permirent d'aller à Gréville, pour le règlement de la succession maternelle. Il ne s'attribua que les livres de l'aïeule et du grand-oncle et la vieille armoire patrimoniale. De retour à Paris, il eut l'heureuse fortune de rencontrer un amateur épris de ses dessins, pour lequel il en fit un grand nombre; un autre lui commanda diverses toiles, notamment une *Femme donnant à manger aux poules*, qu'il lui paya le prix sans précédent de 2 000 francs. Cette recette inespérée défraya un séjour de quatre mois dans la Manche, où Millet s'emplit les yeux de ses sites préférés, et raviva tous ses souvenirs d'enfance. Il y vérifia une fois de plus l'adage que nul n'est prophète en son pays. Un des notables de Cherbourg, ignorant d'ailleurs la présence de Millet dans la ville, se prit un jour à dire : « Voyez comme nous sommes mal servis dans nos bonnes intentions. Chaque année, nous gratifions un enfant du pays d'un encouragement pour l'aider dans ses dispositions d'art. Nous ne lésinons pas : eh bien ! jusqu'ici nous n'avons récolté que des fruits secs. — Et Millet ! lui fit-il répondu. — Millet, qu'est-ce que c'est que ça ? Bien peu de chose. Il fait des paysans ; ce n'était pas la peine de le pensionner pour peindre des bonnes gens que nous voyons tous les jours ! »

A Paris, par bonheur, il en était autrement ; de jeunes cerveaux s'enflammaient à la vue de ses œuvres. Il y rentra plein de courage, après ce contact avec le sol natal, pour travailler à son *Paysan greffant un arbre*, où son mâle talent s'imprégna de douceur. Devant l'homme tout affairé par son travail, sa femme stationne, un enfant aux bras, dans une sorte de contemplation sympathique et grave, et sa présence met, autour des tâches rustiques, une sorte d'atmosphère familiale qui les relève d'une dignité nouvelle. Ce tableau, fort remarqué à l'Exposition universelle de 1855, eut en Gautier le plus lyrique des panégyristes. Il n'aurait pourtant point trouvé acquéreur sans Rousseau (déjà en possession du *Paysan répandant du fumier*), qui en fit offrir 4 000 francs à l'artiste, au nom d'un Américain imaginaire, lui apportant ainsi un secours d'autant plus précieux que ses charges venaient de s'accroître par l'arrivée de deux de ses frères, venus s'instruire à son école, sur la foi de vocations illusoires.

L'année 1856 fut particulièrement cruelle, les sommations pleuvaient chez Millet, interrompant sans cesse, par les anxiétés les plus pénibles, la gestation de ses ouvrages. Il n'en fit pas moins à cette époque une série de toiles admirables dont le berger était le héros, cette figure solitaire qu'on aperçoit se détachant sur la nudité des friches ou des prés, avec la silhouette apocalyptique que lui font sa vaste limousine et sa houlette. Le mutisme qu'il contracte dans la société de ses bêtes, l'astrologie où l'inclinent volontiers ses longues contemplations nocturnes, les pratiques médicinales dont l'instruit son métier de vétérinaire, les maléfices que lui attribue aisément la superstition populaire, en font un personnage mystérieux, important et redouté. A cette sorte de poésie qui l'enveloppe, Millet joignit toutes les magies de la lumière, dans le *Berger ramenant son troupeau au Soleil couchant* et le *Berger au parc, la nuit,* qu'il a refait par deux fois, sans qu'on puisse décider laquelle des versions l'emporte, par l'immensité confuse des espaces et la sérénité pénétrante de l'irradiation lunaire.

Mais le grand coup fut frappé au Salon de 1857, avec les *Glaneuses*. Cet illustre tableau, un des honneurs du Louvre, est trop connu pour comporter une description. Disons seulement qu'au milieu du chœur d'admiration qu'il provoqua chez les artistes, une voix discordante s'éleva, celle de Paul de Saint-Victor, jusqu'alors mieux inspiré. « Ces pauvresses ne me touchent pas, disait-il, elles ont trop d'orgueil, elles trahissent trop visiblement la prétention de descendre de Michel-Ange et de porter plus superbement leurs guenilles que les moissonneuses du Poussin ne portent leurs draperies. Sous prétexte qu'elles sont des symboles, elles se dispensent de couleur et de modelé. Ce n'est pas ainsi que je comprends les représentations de la misère, « chose sacrée », dit le poète latin, — sacrée et naïve. L'art doit la peindre sans emphase, avec émotion et simplicité. Il me déplaît de voir Ruth et Noémi arpenter, comme les planches d'un théâtre, le champ de Booz. »

On s'expliquera plus loin sur ce reproche cher aux détracteurs de Millet, d'affectation dans le style, comme aussi sur celui de faire, sous prétexte de réalisme, des manifestes antisociaux. Castagnary, plus équitable et plus exact, répondait à l'un et à l'autre : « Cette toile, qui rappelle d'effroyables misères, n'est point, comme quelques-uns des tableaux de Courbet, une harangue politique ou une thèse sociale, c'est une œuvre d'art très belle et très simple, franche de toute déclamation. Le motif est poignant, à la vérité, mais traité comme il l'est, dans le plus haut style, avec largeur, sobriété et franchise, il s'élève au-dessus des passions de parti, et reproduit, loin du mensonge et de l'exagération, une de ces pages de la nature vraies et grandes, comme en trouvaient Homère et Virgile. » Malgré tout ce tapage, les amateurs faisaient défaut, et Millet trouva péniblement 2000 francs des *Glaneuses*.

Cette question d'argent, qui revient comme un glas obsédant, ne pesa jamais plus lourdement sur l'artiste que durant l'année qui suivit. Que la détresse ne fît trêve ni

LA TONTE DES MOUTONS

devant ses plus vaillants efforts, ni devant ses plus éclatants succès, il y avait là vraiment de quoi désespérer; Sensier affirme qu'il démêla chez son ami, à plusieurs reprises, des tentations de suicide. Mais la moindre aubaine le faisait bien vite rebondir en pleine confiance. Une des plus inattendues fut la commande, par Pie IX, d'une *Immaculée Conception*, pour son wagon d'honneur. On ignore où se trouve actuellement cette composition mystique, dont Millet avait fait tout un poème de virginité et de candeur.

L'*Angelus* suivit de près. Il ne fut pas exposé. On sait les étranges vicissitudes de ce chef-d'œuvre qui, vendu 1 800 francs, en 1859, à l'architecte Feydeau, puis à M. van Praet, figura dans diverses collections, fut payé 160 000 francs par M. Secrétan à la vente John Wilson, et adjugé, lors de la dispersion forcée de sa galerie, au prix énorme de 553 000 francs, à M. Antonin Proust, à l'intention du gouvernement français, qui ne ratifia pas l'achat. Promené à travers les États-Unis par des barnums, il a enfin trouvé asile dans la collection de M. Chauchard, qui en a donné 800 000 francs.

Millet avait cherché à exprimer une nuance d'émotion particulière, l'espèce d'attendrissement instinctif qui doit saisir parfois, aux champs, les plus frustes natures, à l'audition lointaine de ces cloches qui ont annoncé leur entrée dans la société chrétienne, célébré leur mariage, pleuré la mort de leurs proches, et sonneront leurs propres funérailles. Ce brusque rappel des grandes dates de l'existence, consacrées, l'une après l'autre, par les antiques rites religieux, qui réveille confusément, dans leur tréfonds, la notion de la solidarité humaine et le sentiment de leurs destinées éternelles, Millet l'a traduit, chez ses taciturnes héros, par une inclinaison muette et une minute d'absorption intérieure ; mais il renforçait en même temps l'éloquence de cette sobre mimique par la solennelle beauté du paysage. Les perspectives illimitées de la plaine s'enveloppent d'une vapeur dorée, l'absence de tout accident de terrain semble les prolonger à l'infini, et les silhouettes des deux paysans, profilées à contre-jour sur l'immensité faiblement ondulée des fonds, remplissent tout le ciel de leur majesté inconsciente.

Millet envoya au Salon de 1859 deux toiles sur lesquelles il comptait beaucoup : une *Femme faisant paître sa vache* et *le Bûcheron et la mort*. La première seule fut admise. C'était une commande de l'État. Elle ne figure actuellement dans aucun de ses musées, et il serait intéressant de savoir ce qu'elle est devenue. Castagnary lui consacra un développement enthousiaste, dont j'extrais quelques lignes : « Une jeune fille, une vache, et, entre les deux parties de champ moissonné, une longue bande de terre, moitié pré, moitié chemin. Le pré est ras-tondu ; les foins ont été fauchés, les regains sont partis, l'herbe est courte et dure. La vache allonge à terre son mufle noir et, de la langue et des dents, paît les maigres plantes. La jeune fille est debout, tenant dans ses mains la lanière flexible et lâchée qui va se nouer aux cornes de la bête. Aucune des parties de cette simple composition n'empiète

LA HERSE

sur l'ensemble : toutes se proportionnent admirablement et se relient entre elles dans cette heureuse harmonie de ton, de valeur et d'effet, qui est l'harmonie même de la nature. »

Le Bûcheron et la mort fut refusé par le jury. Millet attachait un grand prix à ce tableau. Il en avait fait la synthèse tragique de toutes les misères et fatalités qui pèsent sur les travailleurs de la terre. Néanmoins le choix même de l'allégorie témoignait d'un optimisme relatif, puisqu'à la voix flatteuse de la Mort qui lui offre la fin de tous ses maux, le bûcheron se reprend et se cramponne à la vie, bonne en dépit de tout, parce que nous sommes façonnés pour elle, et que ses épreuves mêmes ne font qu'aiguiser nos facultés.

Qu'avaient vu les jurés qui méritât un *veto* dédaigneux, dans cette composition toute classique, d'un style élevé et sobre, sans vain étalage macabre, où la figure du rustre, étreignant désespérément sa charge de bois, disait avec tant d'éloquence son tenace désir de vivre ? La facture, égale et fondue jusqu'à paraître un peu monotone, ne présentait plus rien de ces violences, de ces empâtements heurtés qui avaient fait si souvent grogner le bon Gautier. Nulle œuvre à la fois plus sage et en qui s'énonçât plus clairement la vieille tradition moralisante du génie français.

On conta que Nieuwerkerke, président du jury en sa qualité de surintendant des Beaux-Arts, avait dit, devant le tableau : « C'est de la deinture de démocrates, de ces hommes qui ne changent pas de linge et veulent s'imposer aux gens du monde. Cet art me déplaît et me dégoûte. » Passe encore pour ce statuaire gentilhomme, parvenu de la faveur impériale, mais fermé à toute conception élevée et originale de l'art. Ne répondait-il pas à Alfred Robaut, qui lui soumettait une série de fac-similés d'après les dessins de Delacroix : « Que voulez-vous que tous ces dessins faits à coup de pioche servent aux artistes ? Il n'y a là ni science, ni observation, ni sentiment. J'ai beaucoup connu Delacroix, c'était un homme de salon, charmant, bien élevé, causeur aimable. Mais pourquoi lui a-t-on fait cette réputation de peintre ? Il a fait, je l'avoue, par hasard, quelques peintures à se mettre à genoux, des bijoux,... mais pour quelques toiles réussies, que de folies, que de rêves insensés, que de compositions absurdes, sans nom ! »

Mais des juges, des artistes capables d'une telle aberration avaient droit à une citation d'honneur ; étaient alors membres de la section de peinture : Heim, Picot, Brascassat, Léon Cogniet, Robert Fleury, Hipp. Flandrin, Signol, Ingres, Horace Vernet, Abel de Pujol, Schnetz, Delacroix et Couder. Les six derniers n'assistèrent pas aux séances. On a lieu de croire que Flandrin, Robert Fleury et Cogniet votèrent l'admission. La responsabilité du refus incombe donc aux quatre autres, unis à une majorité de sculpteurs, d'architectes, de graveurs et de membres ilbres. La *Gazette des Beaux-Arts* se signala par l'énergie de sa protestation et encadra une reproduction à l'eau-

L'HOMME A LA HOUE

forte, demandée à Edmond Hédouin, dans un article indigné de Paul Mantz.

Peu après, las d'un au jour le jour énervant, Millet concluait avec Arthur Stevens, agissant tant en son nom qu'en celui de M. Blanc, ex-entrepreneur de roulage, qui paraît avoir été un pur spéculateur dénué de tout sens artistique, un traité lui assurant, moyennant mille francs par mois, la propriété de tous les tableaux et dessins qu'il produirait pendant trois ans. Pour ce prix dérisoire, l'avisé marchand belge, qui a droit d'ailleurs à un souvenir reconnaissant, comme collectionneur éclairé de toiles françaises et zélé propagateur de notre art dans son pays, vit successivement passer entre ses mains, ou celles de son associé, une foule d'ouvrages appartenant à la plus belle manière de l'artiste et dont voici la liste, avec les prix qu'ils furent payés :

La (grande) Tondeuse.....	4 000 fr.	Homme, femme et enfant.	800 fr.
Mère et enfants (la Becquée)	1 500 »	Femme cousant..........	400 »
La Tonte des moutons.....	1 500 »	Semeurs.................	2 000 »
Tobie (l'Attente)..........	3 000 »	Le Cerf..................	800 »
Femme faisant manger son enfant.	3 000 »	Les Corbeaux............	1 000 »
Le Parc au clair de lune.	1 200 »	L'Homme à la houe.......	2 000 »
La Femme aux seaux.....	1 200 »	Le Retour des champs....	1 000 »
Moutons paissant.........	1 200 »	La Cardeuse de laine......	1 800 »
		La Baigneuse............	800 »

Les trois premiers furent exécutés en 1860. Un procès ne tarda pas d'ailleurs à surgir entre les associés ; Millet resta en face du seul M. Blanc, souvent malade ou mal disposé, payant rarement en espèces, et dont il fallait escompter les valeurs à gros intérêts. Toujours tremblant pour l'exécution de son traité, l'artiste n'en jouissait pas moins, désormais, d'une sécurité relative.

L'*Attente*, que Millet, jamais satisfait, garda longtemps sur son chevalet, était d'une conception nouvelle, ou du moins renouvelée : il y avait visé, à l'exemple de Rembrandt, à transposer un thème biblique dans le décor et les costumes de ce temps-ci. Des parents de Tobie, surveillant impatiemment l'arrivée de leur enfant, il avait fait de simples paysans de France, afin de mieux dégager le côté général et humain de ce drame intime. La mère, placée en vedette sur la route, le visage tendu et la main en abat-jour, le vieillard aveugle clopinant à tâtons sur le seuil et la harcelant de questions, forment un groupe d'une vérité si touchante, qu'il évoque pour chacun quelque épisode personnel, dans l'universelle et poignante histoire des séparations et des retours. Nul doute que la vaine attente de ses chères vieilles, mortes sans le revoir, n'eût inspiré cette composition profonde. L'idée, pourtant, ne fut point comprise; l'esprit parodique, qui masque trop souvent chez nous l'inintelligence des choses élevées, s'égaya sur le tableau, qu'il baptisa : « Au-devant de la diligence ». Saint-Victor, Gautier même furent impitoyables; ce dernier, du moins, épargna le paysage « d'une tonalité très vraie et très fine ».

Pour quelques-unes des toiles qui suivirent : la *Femme qui vient de puiser de l'eau*, *la Becquée*, la *Tonte des moutons*, nous avons, dans une lettre à Sensier, le plus précieux exposé des intentions et des visées du peintre.

LA LESSIVEUSE
(Musée du Louvre.)

Ce document en dit si long sur le caractère profondément conscient et réfléchi des créations de Millet, qu'il faut le citer tout entier.

« Voici, à peu de chose près, ce que j'ai écrit à Thoré sur trois de mes tableaux de chez Martinet :

« Dans la *Femme qui vient de puiser de l'eau*, j'ai tâché de faire que ce ne soit ni une porteuse d'eau, ni même une servante, mais la femme qui vient de puiser l'eau pour l'usage de sa maison, l'eau pour faire la soupe à son mari et à ses enfants ; qu'elle ait bien l'air de n'en porter ni plus ni moins lourd que le poids des seaux pleins ; qu'au travers de l'espèce de grimace, qui est comme forcée à cause du poids qui lui tire sur les bras, et du clignement d'yeux que lui fait faire la lumière, on devine sur son visage un air de rustique bonté.

« J'ai évité, comme toujours, avec une espèce d'horreur, ce qui pourrait regarder vers le sentimental ; j'ai voulu au contraire qu'elle accomplisse avec simplicité et bonhomie, et sans le considérer comme une corvée, un acte qui est, avec les autres travaux du ménage, un travail de tous les jours et l'habitude de sa vie. Je voudrais aussi qu'on imagine la fraîcheur du puits, et que son air d'ancienneté fasse bien voir que beaucoup, avant elle, y sont venus puiser de l'eau.

« Je voudrais que, dans la *Femme faisant déjeuner ses enfants* (depuis 1871 au musée de Lille, où elle est cataloguée sous ce titre : *la Becquée*) on imagine une nichée d'oiseaux à qui leur mère donne la becquée. L'homme travaille pour nourrir ces êtres-là.

« Dans les *Moutons qu'on est en train de tondre*, j'ai cherché à exprimer cette espèce d'hébétement et de confusion qu'éprouvent les moutons, quand on vient de les dépouiller, et aussi la curiosité et l'ébahissement de ceux qui ne sont pas encore tondus, en voyant revenir parmi eux des êtres aussi nus. J'ai tâché de faire que l'habitation ait bien un air rustique et paisible, qu'on puisse supposer l'enclos en herbe qui est derrière, et où sont plantés les peupliers qui doivent l'abriter ; enfin que cela ait un air d'antique fondation qui appelle le souvenir.

« Je lui dis encore qu'au cas où il croirait bon d'en faire la remarque, je tâche de faire que les choses n'aient pas l'air d'être amalgamées au hasard et pour l'occasion, mais qu'elles aient entre elles une liaison indispensable et forcée.

« Je voudrais que les êtres que je représente aient l'air voués à leur position, et qu'il soit impossible d'imaginer qu'il leur puisse venir à l'idée d'être autre chose. Gens et choses doivent toujours être là pour une fin. Je désire de mettre bien pleinement et fortement ce qui est nécessaire, car je crois qu'il vaudrait presque mieux que les choses faiblement dites ne fussent pas dites, parce qu'elles en sont comme déflorées et gâtées, mais je professe la plus grande horreur pour les inutilités (si brillantes qu'elles soient) et les remplissages, ces choses ne pouvant

LA LEÇON DE TRICOT

donner d'autre résultat que la distraction et l'affaiblissement... »

L'année 1860 marqua pour Millet une période de sérénité presque joyeuse. La combinaison qu'il avait adoptée l'affranchissait à peu près des inquiétudes matérielles : il travaillait avec la pleine connaissance de son but et l'entière possession de ses moyens. Au Salon de 1861, si l'*Attente* fut critiquée comme j'ai dit, la *Femme faisant manger son enfant* et la grande *Tondeuse* recueillirent d'éminents suffrages. Le véridique et courageux Thoré, pour qui l'artiste n'a pas été toujours juste (il lui reprochait, dans l'examen des tableaux, de se préoccuper des dates, des influences, des analogies, des particularités de l'exécution, de faire, somme toute, en perfection son métier de critique), loua la *Tondeuse* sur le mode pindarique. « Ah ! s'écriait-il, que cette femme fait bien ce qu'elle fait !... Tout sujet peut être élevé à la hauteur solennelle de la poésie par la seule vertu de l'artiste, s'il y met une conviction irrécusable, je ne sais quel élément universel par quoi sa création se rattache à ce qui est beau et vrai... La simple tondeuse de moutons de M. Millet fait songer aux œuvres les plus admirables de l'antiquité — n'est-ce pas très singulier et presque incroyable ? — en même temps qu'aux peintures les plus solides et les plus colorées de l'école vénitienne. L'art grec et Giorgione, ce sont les souvenirs qu'évoque la nouvelle peinture de cet artiste solitaire, qui sera bientôt classé parmi les maîtres de notre temps, et qui ouvre peut-être une nouvelle époque à la peinture, si défaillante aujourd'hui. »

Les *Planteurs de pommes de terre* sont encore une belle chose : le paysan, une houe à la main, s'apprête à recouvrir les tubercules que sa femme est en train de semer ; au second plan, un âne méditatif semble veiller sur un de ses paniers, où dort un enfant. Le caractère familial du travail, l'association domestique embrassant le présent et l'avenir s'affirment là, avec la même gravité douce que dans le *Paysan greffant un arbre*. D'ailleurs, pendant toute cette période, les chefs-d'œuvre s'accumulent : la seule année 1862 en voit entreprendre ou éclore trois, dont la destinée fut bien dissemblable : l'*Homme à la houe*, la *Naissance d'un veau*, et la *Bergère*. Le premier parut au Salon de 1863, il souleva des tempêtes.

On connaît cette figure lugubre de journalier, voûtée, cassée, s'appuyant un moment, pour souffler, sur son instrument primitif, et regardant devant elle, l'œil atone sous le front bas, plaqué de mèches humides. Toute la fatigue d'un labeur immémorial, tout l'accablement d'une besogne servile sont écrits sur cette face cuite et dure comme une poterie, sur ce masque immobile où nulle expression n'affleure plus. Les plus indulgents, dans la critique, se bornèrent à rappeler le mot de La Bruyère sur « certains animaux farouches, répandus par la campagne, noirs, livides et tout brûlés de soleil, attachés à la terre qu'ils fouillent et qu'ils remuent avec une opiniâtreté invincible ». Parmi les autres, tous les plastiques, Gautier en tête, se récrièrent devant ce magot ; les conservateurs appelèrent « à la garde » contre ce sinistre trouble-fête, « Dumolard enterrant une bonne » (P. de Saint-Victor).

Seul à peu près, Castagnary sentit profondément le fatalisme douloureux de ce tableau : « Les vaches de P. Potter, disait-il, qui tendent le cou au bord des prairies hollandaises, n'ont pas plus (*sic*) d'intelligence dans la face, pas plus d'espoir dans l'œil, pas plus de lueur sur leur crâne épais. A perte de vue, tout à l'entour de lui, s'étend la terre. La bêchera-t-il toute, jusqu'à ce qu'il tombe dessus, exténué de force et de vie ? Ce sol implacable a déjà dévoré son père et sa mère, et les pères de ses pères, il le dévorera lui-même. Et lui parti, ce sera le tour de ses enfants, et toujours et sans fin, jusqu'à la consommation des siècles... Il faudra mourir ici ou là, un peu plus tôt, un peu plus tard, mais mourir dans ce sillon toujours à recommencer. »

Mais c'est encore Millet lui-même qui fut son meilleur avocat : « Les on-dit sur mon *Homme à la houe*, écrivait-il au fidèle Sensier, me semblent toujours bien étranges et je vous remercie de me les communiquer, car ce m'est une occasion de plus de m'émerveiller sur les idées qu'on me prête. Dans quel club mes critiques m'ont-ils rencontré ? Socialiste ! mais vraiment je pourrais bien leur répondre ce que disait, sur une charge, le commissionnaire auvergnat écrivant à son pays : « On a dit comme cha au pays « que j'étais Chaint-Chimonien, cha n'est pas vrai, je ne « chais pas che que ch'est. »

« On ne peut donc pas tout simplement admettre les idées qui peuvent venir dans l'esprit, à la vue de l'homme voué à gagner sa vie *à la sueur de son front* ! Il en est qui me disent que je nie les charmes de la campagne : j'y trouve bien plus que des charmes : d'infinies splendeurs. J'y vois, tout comme eux, les petites fleurs dont le Christ disait : « Je vous assure que Salomon même, dans toute « sa gloire, n'a jamais été vêtu comme l'une d'elles. »

« Je vois très bien les auréoles des pissenlits et le soleil qui étale là-bas, bien loin par delà les pays, sa gloire dans les nuages. Je n'en vois pas moins dans la plaine, tout fumants, les chevaux qui labourent, puis, dans un endroit rocheux, un homme tout *errené* dont on a entendu les han! depuis le matin, qui tâche de se redresser un instant pour souffler. Le drame est enveloppé de splendeurs. Cela n'est pas de mon invention, et il y a longtemps que cette expression « le cri de la terre » est trouvée... »

Deux tableaux : la *Cardeuse de laine* et le *Berger ramenant son troupeau*, accompagnaient l'*Homme à la houe* à l'exposition de 1863. La presse leur fut en général plus favorable. Mais les chicanes recommencèrent au Salon de 1864, à l'occasion de la *Naissance du veau*, que deux paysans rapportent sur un brancard. On affecta de trouver chez les porteurs un air de solennité ridicule; d'aucuns imaginèrent je ne sais quelle parodie, voulue ou non, des cérémonies religieuses. La réplique de Millet est un modèle de bon sens acéré : « A propos de ce que Jean

Rousseau a dit sur mes hommes, portant un veau comme si c'était le Saint-Sacrement ou le bœuf Apis, comment voudrait-il donc qu'ils le portent? S'il admet que mes hommes portent bien, je ne lui en demande pas plus long pour ma satisfaction, et voici ce que je lui dirais : l'expression de deux hommes portant quelque chose sur une civière est en raison du poids qui pend au bout de leurs bras.

« Ainsi, à poids égal, qu'ils portent l'arche sainte ou un veau, un lingot d'or ou un caillou, ils donneront juste le même résultat d'expression. Et quand même ces hommes seraient le plus pénétrés d'admiration pour ce qu'ils portent, la loi du poids les domine, et leur expression ne peut marquer autre chose que ce poids... Plus ces hommes tiendront à la conservation de l'objet porté, plus ils prendront une manière précautionneuse de marcher, et chercheront le bon accord de leurs pas; mais il faut, dans tous les cas et toujours, cette dernière condition de l'accord, qui ferait plus que décupler la fatigue si on n'y aboutissait pas. Et voici, toute trouvée et toute simple, la cause de cette tant reprochée solennité... »

L'artiste, on le voit, ne se laissait pas prendre sans vert. Il eut, du moins, la joie de lire un article de Thoré qui commençait comme une odelette antique : « Vous ne savez pas? Il y a un nouveau-né. La mère est blonde et même un peu fauve : Lucine, déesse fantasque, l'a surprise en plein champ, ou peut-être au coin d'un pré, à l'ombre d'un buisson tout fleuri... etc. » La pointe perçait pourtant sous les fleurs, dans cette restriction : « Une jeune paysanne accompagne le convoi silencieux et méthodique. Pourquoi ne court-elle pas, rieuse, à la rencontre des petits enfants sortis de la chaumière? Pourquoi, à tous les âges et dans tous les actes d'une carrière laborieuse, mais saine et fortifiante, pourquoi cette austérité concentrée qui touche presque à l'abrutissement?... » Et de se demander si le paysan ne pourrait pas « être étudié et représenté sous d'autres aspects non moins justes, non moins instructifs, plus humains peut-être et sans doute plus attrayants. »

La *Bergère*, elle, fut saluée d'une acclamation unanime. C'est, à notre avis, la plus radieuse création de Millet. Jamais ses facultés ne se sont retrouvées à ce point de parfait équilibre, jamais, chez lui, la vision et le rendu n'ont offert une plus exacte concordance, jamais la poésie et le réel n'ont donné un accord d'une sonorité plus délicieuse.

Du coup l'artiste rallie tous ses partisans dispersés; parmi tant de descriptions élogieuses, celle-ci, due à Eugène Spuller, frappe par sa sobriété et sa justesse : « Tout de suite notre imagination est saisie par cette étendue d'horizon, par ce calme des champs, vers cinq heures, en octobre, par ce ciel parsemé de nuages brillants et vivement éclairés. Sur le devant du tableau, une pauvre fille, jeune encore, travaillant à quelque tricot, se présente avec sa mine humble et douce, ses beaux yeux profonds et limpides. Elle est jeune et pourtant déjà grave, c'est

LA FEMME AU ROUET

une âme timide, une intelligence débile, à peine développée. Et puis, comme elle est chez elle, comme elle est de ce pays! Ces maisons que vous voyez là-bas, elle va y retourner, y prendre son repas et son sommeil... » Une deuxième médaille fut accordée par le jury à la *Bergère*, et l'État en offrit quinze cents francs. Mais elle était déjà vendue à M. Tesse. Elle voisine aujourd'hui avec *l'Angelus*, dans la collection Chauchard.

Sur ces entrefaites, un banquier de Colmar, M. Thomas, avait commandé à Millet quatre compositions allégoriques représentant *les Saisons*, et formant trois panneaux et un plafond. Ce travail passionna l'artiste; avec l'extrême conscience qu'il apportait en tout, il étudie à Fontainebleau les peintures, trop restaurées, du Rosso et du Primatice; on le voit prier son correspondant de s'informer à Naples si on a reproduit les décorations d'Herculanum et de Pompéi; il annonce l'intention d'approfondir les Véronèse du Louvre et les Delacroix de la Chambre des députés et du Sénat. Il traita les quatre sujets suivants : pour le printemps, Daphnis et Chloé donnant la becquée à des oiseaux, au pied de la statue de Pan; pour l'été, une moissonneuse demi-nue, debout, une faucille à la main, parmi des gerbes entassées; pour l'hiver, Anacréon lui fournit le thème de l'*Amour mouillé*; l'automne enfin étalait au plafond, autour d'un ciel nuageux où des enfants ailés poursuivaient des hiboux et des chauves-souris, une bordure opulente de venaisons et de victuailles.

Sauf ce dernier morceau, que Ph. Burty appelle « de la

grande peinture, rayonnante et expressive », ces toiles, dispersées à l'hôtel Drouot en 1875, n'ont pas laissé l'impression d'une réelle originalité. Millet avait perdu l'habitude des incursions dans l'antiquité et le mythe; il lui fallait le sol ferme de la réalité, sa poésie n'étant que de l'observation agrandie et généralisée.

Il se releva dans une admirable série de dessins, plus ou moins rehaussés de pastel et d'aquarelle, commandés par M. Gavet, où se trouve la plus pure fleur de son génie. Le traité stipulait 1000 francs par mois, pour deux dessins au moins, ceux-ci étant évalués, suivant la dimension, 450, 700 et 1000 francs pièce. Les amateurs qui se pressaient à la vente qui en fut faite en 1875, et qui poussèrent les quatre-vingt-quinze pièces au chiffre, alors prodigieux, de 431050 francs, eurent un unanime mouvement de surprise devant cette inépuisable fécondité d'inspiration qui, des scènes les plus humbles, parfois les plus triviales de la vie campagnarde, avait su tirer des compositions pleines de bonhomie, de tendresse, de grâce naïve et vierge, et par la beauté simple et comme spontanée des expressions et des lignes, balancer les plus mémorables images de la vie de tous les temps.

Ces travaux considérables, de nombreuses indispositions, la maladie enfin et la mort de sa sœur ralentirent la production picturale de Millet, qui ne figura au Salon de 1866 qu'avec un *Bout du village de Gréville*. Il lui fallut ensuite accompagner sa femme à Vichy ; la nature du Bourbonnais lui rappela sa Normandie et lui plut fort, il y fit une foule d'études et termina par une pointe en Auvergne.

Déjà l'Exposition universelle se préparait, il s'agissait d'y faire figure. Les démarches prodiguées auprès des propriétaires de ses œuvres lui permirent d'y envoyer *la Mort et le Bûcheron*, les *Glaneuses*, la *Bergère et son troupeau*, la grande *Tondeuse*, le *Berger*, le *Parc à moutons*, les *Planteurs de pommes de terre*, la *Récolte des pommes de terre* et *l'Angelus*. Cette réunion de chefs-d'œuvre consacra la haute originalité de l'artiste, une médaille d'or en fut l'officielle sanction.

En même temps le Salon annuel exhibait la *Gardeuse d'oies* et le saisissant *Hiver* ainsi décrit par Th. Pelloquet : « Une grande plaine labourée, des corbeaux picorant des fumiers, au fond un monticule avec des arbres dépouillés de leurs feuilles silhouettant leurs maigres ramures sur un ciel gris, lourd et noir. » La plaine de Chailly avait fourni le thème du tableau, comme elle suggéra l'effet d'automne de *la Herse*. Jamais la solitude vide et le béant espace ne s'étaient à ce point emplis de mélancolie ni peuplés de tristesses.

L'année 1867, coupée par un nouveau séjour à Vichy, finit pour Millet dans le deuil. Depuis cinq mois environ, Th. Rousseau déclinait à vue d'œil, tour à tour en proie à des surexcitations fébriles et à des prostrations complètes; ce beau cerveau se désorganisait lentement. Il succomba le 22 décembre, dans les bras de son ami. Cette amitié exemplaire, sur laquelle les dimensions restreintes de notre étude ne nous ont pas permis de nous étendre, venait de prendre fin. Millet fatigua sa douleur de soins de toute sorte donnés aux affaires du mort et à sa sépulture. Mais lui-même avait à se surveiller ; sa santé s'altérait. Il n'avait rien envoyé au Salon de 1868, néanmoins la croix lui fut conférée, lors de la clôture, et l'imposante manifestation qui se produisit dans l'assistance, à l'appel de son nom, le vengea, bien tardivement, de tant d'années d'obscurité et de déboires.

Un séjour à Münster, chez M. Hartmann, et une course en Suisse avec Sensier occupèrent l'automne ; la mort de Mme Rousseau vint, quelques mois après, raviver chez l'artiste sa douleur encore saignante. Il envoya au Salon de 1869 une *Leçon de tricot* qui inspira à Castagnary une page éloquente. Le critique y disait l'individualité franchement accusée de la mère hâlée et calleuse, de la fillette empotée et gauche, l'attention de l'une et de l'autre concentrée sur leur humble besogne, l'atmosphère de chaude intimité qui enveloppait les deux figures. Cette scène, entre tant d'autres, comme la *Veillée*, la *Couturière*, la *Femme au rouet*, mettait à néant cette imputation, trop complaisamment reproduite contre Millet, de n'avoir vu dans la vie des champs que le côté matériel, la force brute en action, la lutte contre les éléments, en montrant dans toutes ses manifestations, discrètes à la vérité, cette association morale qui se traduit par la communauté du foyer, le partage du bien-être, la protection et l'éducation des petits.

Signe irrécusable des temps, au Salon de 1870, Millet siégea dans le jury, élu sixième sur dix-huit. Il avait exposé une *Femme battant le beurre* et *Novembre*, variation nouvelle sur le thème de *la Herse*.

Mais l'heure n'était plus aux pacifiques querelles de l'art, la guerre venait d'éclater avec l'Allemagne, Millet partit pour Cherbourg, que son éloignement semblait devoir protéger, le 27 août, avec tous les siens. Il écrivit de là-bas force lettres anxieuses où se peignaient les alarmes de son patriotisme. Il travaillait à bâtons rompus, croquant des vues de falaises et de mer : une de ces dernières, enlevée aussitôt en Angleterre, arracha à Théophile Silvestre des cris d'enthousiasme. Il n'eût peut-être tenu qu'à lui de devenir un grand peintre de marines ; nul n'a mieux senti la vie majestueuse et terrible de la mer. « Voyez l'horizon, disait-il au cours d'une promenade en bateau, comme il a des fermetés et des inflexions particulières. La ligne extrême de la mer n'est pas aussi inflexible qu'on le croit. Si l'œil embrasse un grand espace, vous voyez, à la droite et à la gauche du regard, une dépression de ligne qui est due probablement à la rotondité de la terre. On sent là que notre globe est une machine faite pour tourner et pour agir. Regardez comme les couleurs de la mer à sa surface sont différentes. On peut voir un passage du plus beau vert, d'autres, plus loin, d'un glauque sombre et comme voilé par un nuage ; plus loin, cette partie traversée par des langues mouvantes qui s'entre-croisent, et que les hommes de mer appellent des croix ou des pas de Saint-Jacques, et bien plus loin encore, une longue perspective pâlissante qui se marie avec le ciel et les nuages. Il y a là tout un monde à peindre, et qu'il faut rendre avec sa vie spéciale. Je n'ai pas vu encore un peintre de marines s'attacher à faire le portrait de la mer, pour la mer. Sans doute il y a de grands peintres qui ont donné une idée très puissante de l'Océan, mais ils n'ont pas jugé à propos de rendre l'élément dans son existence particulière, et, en même temps, dans son immensité. Ah! comme je voudrais avoir la force de peindre ce que je sens, et ce que la mer recèle pour moi de beautés et d'attractions, ce qu'elle a de tragique et de périlleux! » Il ne rentra à Barbizon qu'en novembre 1871, rapportant plusieurs tableaux, dont une *Porteuse de lait*. Les commandes affluaient, escomptant et dépassant sa production. Il peignit à cette époque une *Jeune mère berçant son enfant dans ses bras*, l'*Eglise de Gréville*, actuellement au Louvre, que l'État acheta à sa vente après décès, et un *Vacher rappelant ses bêtes à son de trompe*; un peu plus tard ce fut le *Printemps*, avec cet effet hardi d'arc-en-ciel sur un verger, que M. Hartmann a légué au Louvre.

Sa santé continuait de s'affaiblir, des toux violentes l'épuisaient. On le voit, en 1874, travaillant aux *Meules*, aux *Batteurs de sarrasin*, à l'*Ane dans une lande* et terminant, pour un Américain, le *Prieuré de Vauville*. En août, une amélioration se produisit, qu'il mit à profit pour une grande promenade en forêt. A partir du mois

LES TUEURS DE COCHONS

de décembre, la fièvre se fit fréquente, avec des accès de délire et les accablements consécutifs. Vers la fin de l'année, il s'alita définitivement, et, le 20 janvier 1875, à six heures du matin, il rendait le dernier soupir. Il fut inhumé dans le cimetière de Chailly, aux côtés de Rousseau, près du bloc de rochers qu'il y avait fait placer pour son ami.

III

Nous avons dit, au début de cette étude, que l'art de Millet ne relevait d'aucun autre. Il est pourtant certains noms, dans l'histoire de la peinture, auxquels il fait aussitôt penser : ce sont ceux des frères Lenain et de Pierre Breughel, dit le Vieux. Celui qui s'arrête au Louvre, devant les *Buveurs* de la collection Lacaze, *la Forge*, et surtout *la Charrette*, léguée par M. de Saint-Albin, au sortir de la salle des modernes, ne peut manquer d'être frappé, malgré des différences fondamentales dans l'exécution, de la parenté de sentiment que ces ouvrages présentent avec ceux de Millet. Même observation naïvement fidèle, même conception sérieuse de la vie rustique, de part et d'autre aucun goût d'embellissement, aucune velléité de raillerie, le respect attentif de la misère laborieuse. Rien pourtant n'autorise à croire que Millet ait fait une étude spéciale des Lenain, qui étaient, de son vivant, fort peu représentés dans nos collections nationales.

L'équité commande de mentionner, auprès d'eux, un petit maître flamand, artiste de second ordre à la vérité; Siberechts a su exprimer les mœurs des paysans de sa patrie avec leur saveur franche et crue, sans nul mélange d'ironie, dans un sentiment de sympathie cordiale. Ses personnages courtauds, criants de vérité avec leurs fronts bombés et leurs lourdes mâchoires, vaquent gravement à leurs tâches diverses, dans les enclos, auprès des mares, peuplés de bestiaux et de volatiles. Ses tableaux de la Pinacothèque, du musée de Bruxelles, du Louvre, attestent une sincérité appliquée et touchante. Il serait désirable qu'un nouveau Bürger s'attachât à identifier, dans les collections publiques et privées, les ouvrages de Siberechts, qu'une facture appuyée et un peu noire rend aisément reconnaissables. Mais ce modeste et estimable précurseur, Millet n'a même pas soupçonné son nom.

Il en va un peu autrement pour Breughel; on a vu que le premier maître de Millet, Mouchel, faisait ses délices des réalistes flamands; c'est de lui, sans doute, qu'il tint son goût pour le plus véridique et le plus personnel d'entre eux, et ce goût fut chez lui si vif que, bien que les moyens de former une collection lui aient toujours manqué, il recherchait les toiles de Breughel et de son atelier, dont plusieurs figurèrent à la vente de sa veuve, avec un portrait d'évêque du Greco, qu'il aimait beaucoup. Il n'avait pu, en effet, se soustraire à l'extraordinaire sincérité de cet art, aux trésors d'observation et de sympathie qu'il renferme. Il y a néanmoins, chez le vieux Flamand, un côté

LA BATTEUSE DE BEURRE
(Musée du Louvre.)

d'humour et de drôlerie, un sens caricatural très aiguisé par où il diffère profondément de l'artiste français. Celui-ci est un méditatif et non un satirique. Il prit sans doute de ses éducateurs, un vieux prêtre échappé aux persécutions révolutionnaires, et une femme d'une piété fervente et étroite, pour qui la vie ne comportait guère que des devoirs, n'étant qu'un lieu d'épreuves passagères avant l'immortalité bienheureuse, le regard sévère qu'il promena sur le monde.

Nous avons, de sa bouche, l'aveu de cette disposition d'esprit. Il écrivait en 1850 à Sensier : « ... Voici les titres des trois tableaux pour la vente en question : 1° *Femme broyant du lin*, 2° *Paysan et paysanne allant travailler dans les champs*, 3° *Ramasseurs de bois dans la forêt*. Je ne sais si ce mot de « ramasseurs » peut s'imprimer ; si cela ne se peut, vous mettrez « Paysan et paysanne ramassant du bois », ou ce que vous voudrez. Sachez seulement que le tableau se compose d'un homme liant un fagot, et de deux femmes, l'une coupant une branche et l'autre tenant une brassée de bois. Voilà !...

« Il n'y a, comme vous pouvez le deviner par les titres, ni femmes nues, ni sujets mythologiques. Je veux me poser avec autre chose que ces sujets-là, que je n'entends pas non plus qu'on me défende, mais que je ne voudrais pas être forcé de faire. Mais enfin, les premiers vont mieux à mon tempérament, car je vous avouerai, au risque de passer encore pour un socialiste, que c'est le côté humain qui me touche le plus en art, et si je pouvais faire ce que je voudrais, ou tout au moins le tenter, je ne ferais rien qui ne fût le résultat d'une impression reçue par l'aspect de la nature, soit en paysages, soit en figures. *Ce n'est jamais le côté joyeux qui m'apparaît ; je ne sais pas où il est, je ne l'ai jamais vu.* Ce que je connais de plus gai, c'est le calme, le silence dont on jouit si délicieusement ou dans les forêts, ou dans les endroits labourés, qu'ils soient labourables ou non : vous m'avouerez que c'est toujours très rêveur, et d'une rêverie triste, quoique bien délicieuse.

« Vous êtes assis sous les arbres, éprouvant tout le bien-être, toute la tranquillité dont on puisse jouir ; vous voyez déboucher d'un petit sentier une pauvre figure chargée d'un fagot. La façon inattendue et toujours frappante dont cette figure vous apparaît vous reporte instantanément vers la triste condition humaine, la fatigue. Cela donne toujours une impression analogue à celle que La Fontaine exprime dans sa fable du *Bûcheron* :

> Quel plaisir a-t-il eu depuis qu'il est au monde ?
> En est-il un plus pauvre en la machine ronde ?

« Dans les endroits labourés, quoique, quelquefois, dans certains pays peu labourables, vous voyez des figures bêchant, piochant. Vous en voyez une, de temps en temps, se redressant les reins, comme on dit, et s'essuyant le front avec l'envers de sa main. « Tu mangeras ton pain « à la sueur de ton front. »

« Est-ce là ce travail gai, folâtre, auquel certaines gens

LE VIGNERON AU REPOS

voudraient nous faire croire? C'est cependant là que se trouve pour moi la vraie humanité, la grande poésie... »

L'effort, telle est donc la caractéristique de la vie, de celle du moins qui l'intéresse ; la détente momentanée, le calme, voilà le seul bonheur qu'elle comporte. Ajoutez à cette conception de la destinée l'amour de la convenance et de l'harmonie, et, par suite, l'horreur de tout ce qui est discordance, grossièreté, tapage, horreur qui s'affirme dans vingt passages de sa correspondance, et vous aurez la clé de l'œuvre de Millet et l'explication de ce qui y manque.

Le paysan lui a paru le représentant type de la destinée humaine. Son utilité est primordiale, son rôle décisif, c'est lui qui nourrit les hommes. En contact incessant avec la terre, il est à la source même des inspirations tutélaires ; les conseils de patience, d'endurance, de fécondité qu'il en reçoit sont la règle de sa vie. Nul donc ne vit davantage suivant la loi naturelle. Et cependant il n'est pas heureux : le caprice des saisons ruine ses espérances ; les épidémies, les sinistres dévorent son épargne. Mais du moins l'accomplissement de sa mission sociale, l'acceptation résignée des fatalités qui le dominent, sa parfaite conformité aux conditions de son milieu, en font un être normal, harmonique, intéressant comme tout organe utile, touchant comme toute victime soumise, et communiquent par là à sa personne, comme à sa tâche, une beauté qui leur est propre.

Au surplus, les nécessités de l'équilibre, l'inconscient

calcul de l'effort, l'économie du mouvement, toutes choses que l'adaptation héréditaire lui facilite, lui donnent, dans le travail, la logique de l'attitude et la sûreté du geste. Et il devient, par là, matière d'art. Mais la gaieté, ne lui étant pas naturelle, et ne prenant le plus souvent sa source que dans les excitants, le déforme et l'enlaidit. Quant à l'amour, il n'a rien, chez lui, des grâces qu'engendrent le loisir et la politesse. Il est, le plus souvent, muet, brutal et furtif comme un rut d'animaux. Les mouvements qu'il inspire n'offrent rien que de violent et d'impulsif. C'est pourquoi, laissant les liesses paysannes aux pinceaux d'un Ostade ou d'un Brauwer, experts en beuveries et connaisseurs en ribotes, abandonnant à Rubens la cynique poésie des jupes troussées, Millet met hors de son œuvre ces deux intrus : le rire et l'amour.

Pas une fois il n'a montré ses héros le verre, ou même les cartes en mains ; nul jeu de quilles n'anime la tonnelle, nulle baraque foraine ne bariole les rues. Jamais non plus, à l'ombre d'un buisson, il n'adosse les deux sexes, comme Bastien Lepage, dans quelque gauche églogue. Il ne connaît la femme que vierge, ou mère. Elle passe directement, de la gaulée des oies, de la surveillance des bestiaux, au travail viril de la terre, ou tout au moins aux rudes tâches ménagères, lessive, battage du beurre.

Tout ce qu'il lui permet parfois, c'est, jeune fille, de rêver sur quelque tertre, en suivant dans le ciel les

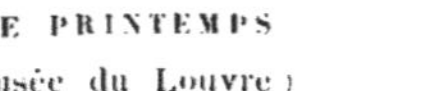

Cliché Neurdein.

LE PRINTEMPS

(Musée du Louvre)

oiseaux migrateurs, ou de plonger, sous le store ajouré des branches, sa nudité ingénue au froid du ruisseau. Mariée, il ne lui rêve d'autres plaisirs que la veillée somnolente d'un berceau, le ronflement monotone d'un rouet, ou la couture en commun sous la lampe, avec les rares paroles qu'on devine. Il est pourtant une de ses peintures qu'illumine le rire du bonheur, c'est *la Bouillie*, de la vente Barbedienne, où une jeune femme, de type vaguement prudhonien, remue, sur le fourneau, le bon lait que surveille impatiemment le marmot niché dans sa jupe. Et, si charmante que soit cette toile, le sentiment de juvénile allégresse qu'elle exprime est si insolite chez Millet, qu'il lui communique quelque chose de conventionnel, comme un air de *Comédie enfantine*.

Mais si la félicité se chercherait en vain dans l'œuvre de l'artiste, la sérénité n'y est pas rare, une sorte de légèreté d'âme faite d'imprévoyance ou d'insouciance, des deux peut-être. On trouve cette nuance bien marquée dans quelques-uns de ses admirables crayons : les *Jeunes Bergères au repos*, de la vente Doria, dont l'une se retourne, comme par acquit de conscience, pour regarder son troupeau, d'un mouvement si juste qu'il semble saisi par un instantané ; *le Nouveau-né*, de la vente Marmontel, qu'une fillette emporte dans son tablier ; suivie de la mère brebis qui le flaire avec inquiétude, elle semble lui dire : « Qu'est-ce qui t'alarme ? On ne lui fera pas de mal. » Il y a même un soupçon de gaieté, toute puérile et physique, dans les *Soins maternels*, de la collection

Thomy Thiéry, avec sa gamine curieuse qui observe du coin de l'œil son petit frère, campé sur le seuil familial, dans la posture du Mannekenpis.

Enfin ce qu'il faut dire ici, c'est la beauté plastique qui s'affirme parfois chez les jeunes héroïnes de Millet, en dépit des affreuses marmottes qui les casquent et des informes sarraux qui les désexuent. Dans *la Méridienne*, le dessin rehaussé de la vente Ern. May, en contraste avec le rustre qui ronfle, étalé de son long sur le dos, la dormeuse se pelotonne en formant, des hanches à la nuque, une gracieuse arabesque. La *Bergère à pèlerine assise sur une barrière*, à l'orée d'un bois, de la vente Rœderer, est une vision digne de Théocrite. Dans les *Puiseuses d'eau*, de la vente Veyer, la beauté n'est pas seulement diffuse, flottant parmi les vapeurs argentées d'un merveilleux clair de lune ; elle se condense et s'humanise dans la figure de la femme debout, qui attend son tour de puiser, ferme et droite comme une canéphore. Enfin la *Baigneuse aux oies*, de la vente John Saulnier, qui se laisse glisser du talus, en tâtant l'eau d'un pied crispé, exhibe, sous l'ombre mobile des aulnes, des carnations pleines et croquantes, de la meilleure tradition française.

A ces rares exceptions près, le travail uniforme, sans relâche, sous un ciel souvent hostile, la fatigue, l'accablement du corps surmené, voilà les motifs favoris de l'artiste, bien conformes au programme qu'on a lu plus haut. Qu'a-t-il voulu nous suggérer par cet éternel *leit-*

LE NOUVEAU-NÉ.

motif? D'aucuns ont cru à une œuvre de propagande politique — quelque chose comme la *Chanson de la chemise* de Thomas Hood, — à une série de factums révolutionnaires appelant les gueux à l'assaut de la société, qui les confine dans les tâches meurtrières, sans même leur assurer le pain du jour.

Millet s'est défendu, avec une extrême énergie, de telles interprétations. Il est manifeste qu'il dépasse de beaucoup les niveleurs socialistes, car voyant comme eux le mal social, il ne croit pas à sa curabilité. Il lui paraît bien réellement que l'humanité est vouée à une sorte de malédiction. Sans être en effet, croyons-nous, demeuré un pur chrétien, il a du moins retenu l'anathème biblique, il le répète avec complaisance, et s'il est permis d'en déduire des conclusions qu'il n'a jamais formulées, il est clair que, considérant le mal — le mal souffrance — comme d'institution céleste, il ne saurait s'associer aux prétentions de ceux-là qui se targuent de le supprimer par décret.

Mais s'il n'attache nulle valeur aux formules des utopistes, il est humain, sensible, et croit aux vertus de la sympathie. Émouvoir notre instinct de solidarité, provoquer la sollicitude des lois en faveur des travailleurs de la terre, nous rapprocher d'eux, nous mêler à leur vie, à son exemple, voilà, semblera-t-il, le but qu'il s'est assigné. Ne disait-il pas, vers 1851, à propos de certaines chansons « sociales » de Pierre Dupont, à qui on s'obstinait à le comparer : « Toutes ces imprudentes paroles nous amèneront le despotisme, et la Liberté s'en ira loin de nous. Ce n'est pas là la pensée du vrai paysan, qui aime son village, sa maison et ses petits. Allégez les impôts qu'il paie à l'État, donnez-lui des secours en cas de grêle, d'inondation ou d'incendie, soulagez-le dans sa vieillesse, là où il vit, et non dans des refuges de mendicité, et vous aurez donné au pauvre malheureux tout ce qu'il ambitionne : vivre et mourir dans son village. Mais ne l'enrôlez pas, car il quitterait son champ et se pervertirait. » Nous inclinons cependant à croire qu'il a été surtout attiré vers les paysans, inconsciemment par les affinités héréditaires de sa nature, et consciemment par un certain idéal esthétique, qu'il trouvait plus nettement réalisé chez eux que chez tous autres. La beauté inhérente aux tâches simples, bien faites, avec le déploiement mesuré et harmonieux de forces qui convient, dans un cadre merveilleux et changeant, celui de la nature agreste, il se pourrait que telle fût, au demeurant, la raison dominante de l'attachement de Millet à la vie rustique et de son inlassable persistance à la représenter.

IV

Voyons maintenant comment, chez Millet, l'idée prend corps et se traduit aux yeux. Le *milieu*, la *race*, le *moment*, pour emprunter, en la déviant un peu, la terminologie chère à Taine, voilà, dans ses compositions, ce qu'il convient d'étudier successivement. Mais si l'analyse doit dissocier ces trois facteurs, ils forment en réalité un tout indissoluble, étant aussi étroitement liés dans l'œuvre concrète que les particules constitutives d'un organisme.

Le *milieu* et le *moment* se trouvent nécessairement confondus dans l'élaboration et l'agencement d'un paysage ; Millet les entend à sa façon, mais en maître. Ses premiers tableaux, et quelques-uns de ceux qu'il fit pendant la guerre, représentent la nature des côtes de la Manche, hauts plateaux balayés des vents, coupés de valleuses descendant en pente raide vers la grève. Il en exprime à merveille la vastitude aérée et les déclivités brusques, comme dans les *Falaises de Gruchy*, de la vente Hartmann, où, par une échancrure du terrain, l'avant-train d'une vache placée un peu en contre-bas apparaît, se découpant sur la concavité de la mer, qui se relève peu à peu vers l'horizon, jusqu'au niveau du premier plan. Cette disposition, qui fait en quelque sorte surplomber le spectateur au-dessus du vide, produit une impression saisissante. Que de fois l'avons-nous ressentie sur ces hauteurs, lorsque le terrain semblait brusquement se dérober devant l'immensité béante des eaux !

Les études d'Auvergne ont aussi, à un haut degré, le caractère du pays, par exemple dans ce *Puy-de-Dôme* de la vente Doria, qu'emplit un moutonnement de croupes volcaniques, cependant que, sur les pentes les plus rapprochées, trois chèvres broutent autour d'une fileuse vêtue des lainages et coiffée du grand chapeau de paille du cru.

Mais c'est à Barbizon et à ses plaines illimitées qu'il faut toujours en revenir. Avec quel art savant et caché il nous en déroule les perspectives, sous le revêtement floconneux de la neige ponctuée de corbeaux, sous l'ondulation terreuse des guérets, sous le tapis hérissé des chaumes! Des meules coniques, des baliveaux dénudés jalonnent, suivant la saison, les étendues, et quelque instrument placé, comme par oubli, au bord du cadre, herse, rouleau, charrue, prend on ne sait quel aspect colossal et recule indéfiniment l'horizon. Et par delà même la ligne où celui-ci se confond avec le ciel, le faîte d'un toit, une cime feuillue, une fumée, un nuage qui dépassent, trahissent d'autres terres encore, derrière le champ visuel, et d'autres existences. Nous extrayons ce qui suit d'une conversation inédite, dont Sensier a noté la date, 13 juillet 1856 : « Je ne saurais vous dire comment j'ai appris le peu de perspective que je sais; j'en ai l'habitude et je m'y trompe peu, parce que je me suis rendu compte que c'était la pierre fondamentale de mon travail. Un géomètre, sur épure, analyse un plan : moi, je ne sais qu'en toucher la superficie. Je ne vois d'abord que deux choses : le ciel et la terre séparés par l'horizon, puis des lignes imaginaires qui s'élèvent ou qui s'abaissent. Je construis là-dessus, et tout le reste n'est qu'accident ou épisodes. Je n'en sais pas plus long; le reste, je le sens, je l'exprime, mais je ne puis le démontrer, pas plus que le pourquoi d'un homme qui chante juste ou faux. »

Millet a peu étudié les grands arbres : sur le côté forestier du domaine, il laissait régner en paix Rousseau. Mais il aime les taillis drus et vivaces qu'élague la dent gourmande des moutons, les clairières coupées de sentes presque indistinctes, une nature aménagée qui dit le voisinage et l'emprise de l'homme. Ces sites donnés, que dire des drames atmosphériques qui s'y agitent, des clartés et des averses qu'y projette indifféremment le ciel, des radieuses apothéoses que s'y décerne le soleil, des vaporeuses féeries qu'y joue la lune? Il n'y a jamais, chez Millet, de désaccord de valeur entre les divers éléments de son paysage. La lumière n'y est point localisée dans son foyer; chaque point, chaque objet en reçoit la quantité que son emplacement comporte, et le ton local s'en modifie en conséquence. Aussi ses tableaux ont-ils un mérite dont l'absence frappe chez maints artistes considérables : ils sont toujours *d'ensemble*.

Passons maintenant à la *race*, à l'humanité qui peuple cette nature. Une remarque essentielle s'impose dès l'abord : jamais Millet n'a placé dans un paysage de personnages n'appartenant pas à la localité ou au moins à la région. Un exemple typique de ce scrupule nous est donné par Sensier; le peintre a fait successivement plusieurs *Semeurs* : le tableau à l'huile qui fut exposé au Salon de 1850, fut exécuté sur des souvenirs de Gréville; les plateaux de la Hague avaient fourni le cadre, le village avait donné un de ses gars, avec sa vareuse rouge, ses culottes bleues, ses jambes enveloppées de tresses de paille, son chapeau dévasté par les intempéries. Ayant plus tard repris le même sujet, au pastel, à la plume, c'est à Barbizon que Millet tout à la fois choisit son bonhomme et situa ses fonds, sur lesquels se profilait la vieille tour de Chailly. Et l'effet, comme l'allure, furent, cette fois, tout différents.

Où recrutait-il ses modèles? Aux champs, et rien qu'aux champs. La vente Crabbe nous a laissé là-dessus un document irrécusable : c'est une étude, non terminée, faite d'après nature, un groupe de trois portraits : le père, la mère et l'enfant, plantés de face et debout. L'homme, en chemise, culotte et sabots, la tête fixe comme devant l'objectif, la bouche entr'ouverte, serre contre lui sa pelle ; il a le bras passé sous celui de sa femme, qui, de l'autre main, tient sa quenouille ; elle est coiffée de la marmotte réglementaire et porte une grosse cotte, serrée à la taille, que débordent les manches. L'enfant, de quatre à cinq ans, s'est gentiment placé entre eux, et de ses bras étendus les enserre. La femme a un air de placidité, les pommettes fortes, le nez court un peu écrasé. Derrière eux la maison, deux poules et le chien. Voilà fixés une fois pour toutes, *ne varietur*, sauf les altérations de l'âge, de la santé, du genre de travail, les types dominants qu'on retrouvera toujours. Ces facies fermés, ces yeux sans regard, qui ont tant surpris et scandalisé le public et même la critique, cela existe, tout près de nous, à dix

SOINS MATERNELS

lieues de Paris : il n'y avait qu'à s'aviser d'une chose bien simple, y aller voir.

Mais ces êtres si particuliers, après quelques études, comme celle-ci, destinées à bien se mettre leur structure dans les yeux et dans les doigts, le peintre se garda de les faire poser devant lui, et se borna à les suivre — inaperçu par l'effet de l'accoutumance — dans leurs évolutions et leur travail, et à noter de mémoire, chez lui, gestes et attitudes. Ce mode de procéder, dont un maître éminent, Lecocq de Boisbaudran, a fait la base même de son enseignement, Millet le pratiquait d'instinct, sinon de propos délibéré.

Ce point, d'une grande importance pour la compréhension de son art, a été noté avec beaucoup de sagacité par Ernest Chesneau, à qui il convient de laisser la parole : « Millet — je le tiens de ceux qui l'ont suivi de plus près, et le caractère de son dessin confirme le fait d'une manière absolue — ne peignait ni ne dessinait d'après nature. Il observait patiemment, longuement, avec insistance et à maintes reprises, le phénomène immobile ou le phénomène d'action qu'il se proposait de reproduire. L'ensemble de la scène et la successivité des attitudes et des mouvements se gravaient ainsi dans sa mémoire, secourue au besoin par une note de crayon prise à la volée. Contrairement aux doctrines professées par les écoles de réalité, chaque geste posé est un geste faussé et figé.

« Les preuves abondent qui condamnent, dans toute

œuvre de maître, la théorie du travail d'après le modèle. Voyez la *Récolte du sarrasin* et son élan de fléaux battant les gerbes. De tels sujets, où l'activité du travail rustique est montrée dans toute son énergie, seraient-ils donc interdits au peintre ? Assurément non. De tels sujets ne sauraient pourtant se poser. Voyez encore les *Laboureurs* (suit une énumération), ces chefs-d'œuvre de mouvement et d'attitudes rapides, surprises dans leur absolue vérité : quel modèle pourrait poser cela ? Je prends même les motifs reposés : *le Vigneron*, *la Méridienne*, *le Jardin du paysan*. S'il se sait observé, croyez-vous que ce vigneron gardera cet affaissement de tout le corps, cette cambrure des malléoles internes si caractéristique, cette bouche béante, ce regard atone et vide ? Point du tout. A défaut de ses vêtements, que vous lui aurez fait conserver, il endimanchera ses membres, ses muscles, sa physionomie. »

On ne saurait mieux dire ; mais il y a plus. L'homme qui copie, copie tout, ne se fait pas grâce d'un détail ; de celui-là encore on peut dire que les arbres l'empêchent de voir la forêt. Meissonier en fournit la meilleure preuve. L'artiste qui peint de souvenir n'a gardé dans son cerveau et sa rétine que l'essentiel, la ligne maîtresse, le ton fondamental, la déformation signalétique, en sorte qu'il y a de grandes chances, s'il sait voir et si sa main est docile, pour qu'il rende dans leur intégrité le caractère d'ensemble et l'allure générale de son modèle. Or tel est précisément l'objet de l'art. Ce choix, si malaisé à faire devant la nature, s'effectue tout seul à distance, par les éliminations inconscientes de la mémoire.

C'est donc en grande partie à cette manière de travailler que Millet doit l'ampleur de contour, l'éloquence de geste de ses figures. Mais ce serait faire chez lui la part trop belle à l'imperfection, ou même à l'instinct des organes réceptifs, que de leur en attribuer tout le mérite. Le parti pris est évident, chez notre artiste, de simplifier les formes, d'accentuer les lignes suivant leur direction dominante, sans tenir compte des menus accidents, des petites cassures. Établir le volume de ses corps, accuser leur charpente, calculer la direction et l'amplitude de leur mouvement, voilà sa préoccupation principale. Quant au détail, la règle est bien simple : faire en sorte, autant que possible, de ne montrer d'une figure que ce que l'œil en percevrait à la distance que suppose la dimension dans laquelle elle est représentée, en tenant compte non seulement du rapetissement mathématique des formes, mais de l'interposition de la masse atmosphérique. L'œuvre peint tout entier de Millet n'est que l'application de ces principes.

Quoi d'étonnant dès lors à ce que ses personnages s'enlèvent tout à la fois si franchement sur les fonds et soient si parfaitement « dans l'air »? Nous avons déjà signalé au passage l'extraordinaire essor du *Semeur*. Deux pastels de la vente Ernest May, le *Berger et son troupeau* et l'*Homme qui remet sa veste* offrent une puissance de silhouette véritablement épique. Le premier, sous sa cape élargie par l'écart de la houlette, semble une gigantesque meule vivante, dressée sur l'horizon ; l'autre, sur le ciel crépusculaire, érige les deux diagonales divergentes de sa tête rejetée de côté et de son bras tendu, comme une sorte de moulin bizarre, dont ses jambes écartées complètent les quatre ailes. L'éclairage à contre-jour de ces figures les amplifie en colosses, les découpe en projections fantomatiques.

Voilà pour l'ampleur grandiose ou mystérieuse des lignes. La *Femme aux seaux*, de la vente de Hartmann, nous a montré un spécimen accompli de solidité et d'assiette dans les masses. Quant à la précision et à l'énergie du mouvement, les exemples pullulent : citons-en deux seulement : des *Défricheurs*, de la vente Ernest May, courbés sur le sol inégal, l'un brise de sa pelle les lourdes mottes, l'autre, le sabot appuyé sur la paume de la bêche, l'enfonce perpendiculairement de toute sa force, pour diviser la glèbe compacte ; la pesée, l'effort lent et pénible sont inscrits dans chacun de leurs membres ; leur face osseuse et inexpressive, leur chemise échancrée au col, leur donnent je ne sais quel air sinistre de forçats de la terre.

La *Récolte du sarrasin*, de la vente Hartmann, offre un tout autre caractère. Au premier plan, des femmes ramassent les javelles, pour les porter aux batteurs ; ceux-ci, rangés en cercle, font rage de leurs fléaux sur les tiges ; les longs bâtons articulés s'élèvent et s'abaissent frénétiquement dans l'air ; on ne sait quelle ivresse de bruit et de mouvement, surexcitée par la fumée des pailles brûlées qui porte sur les travailleurs, s'est emparée de ceux-ci; ils se démènent sur ce fond fuligineux, comme des démons dans un brasier.

Telle est, illustrée par des œuvres caractéristiques, la méthode de Millet quant à la représentation des formes vivantes. Il n'en est pas de plus simple ni de plus classique. A la différence près des types et des sujets, qui procèdent d'une conception première tout opposée, il est impossible de contester l'analogie de ces pratiques avec celles du Poussin. La relation des figures avec le paysage y est cherchée dans le même esprit : le volume des unes, l'importance de l'autre sont dans un rapport identique: même préoccupation de la silhouette synthétique, de l'attitude expressive, du geste logique et nécessaire. Il n'est pas jusqu'aux formats des toiles, à la préférence pour la dimension tiers de nature, qui n'affirment la parenté des deux artistes.

Nous venons de voir comment Millet entend l'agencement de ses compositions, où il prend ses modèles, la manière dont il les reproduit, les campe, les anime. Il reste à connaître sa pratique d'ouvrier, sa technique. Une lettre à Sensier donne quelques indications sur sa palette, à l'époque du *Semeur* : il y est question de « terre de Sienne brûlée et naturelle, de jaune de Naples, d'Italie brûlée, d'ocre jaune, de terre d'ombre brûlée ». L'énumération n'est pas complète, car il y manque les bleus et les rouges, mais la gamme, comme on voit, n'est pas étendue : elle se maintient dans les bruns et les roux, égayés par des transparences azurées, avivés çà et là d'une pointe de vermillon. Les notes fraîches et pétillantes sont absentes. La tonalité dominante des tableaux de Millet est tantôt celle de la terre qu'on vient de remuer, tantôt celle du blé mûr. La nature des spectacles qu'il représente justifie cette prédilection, son besoin d'unité motive cette parcimonie. Sa touche est large, mais peu chargée de matière, l'artiste ne la jette pas du premier coup, il revient à diverses reprises, parfois avec un excès d'insistance : il use beaucoup des glacis pour raccorder ses tons, qu'il lui arrive ainsi d'assourdir et d'éteindre.

On ne s'explique guère aujourd'hui les continuelles chicanes de Gautier sur l'abus qu'il faisait des empâtements. L'aspect de ses toiles, sauf dans celles qu'il n'a pas finies, comme l'*Église de Gréville*, est au contraire généralement lisse et comme un peu glacé, bien loin de présenter ces aspérités et ces ravines qui caractérisent par exemple Decamps. Il est à croire qu'une certaine transformation s'y sera produite, soit par évaporation, soit par imbibition lente : le grain en est aujourd'hui serré et uni comme dans un émail. Une critique qu'on pourrait adresser à plus juste titre à Millet, est l'extrême uniformité de la touche, qui est posée de même, quelle que soit la nature et la consistance des objets : la pierre, la chair, les étoffes, sont traitées comme si la matière était identique ; de là, dans l'effet, un manque fâcheux de variété et d'accent.

LA BAIGNEUSE

L'inconvénient est moins sensible dans les pastels, dont la facture est plus rapide et plus abréviative, où les choses sont plutôt indiquées que rendues. Il n'existe point dans les dessins, qui sont certainement, de tout l'œuvre de Millet, ce qui va le plus droit à un cœur d'artiste. Rien pourtant de moins châtié, de moins calligraphié, de moins « fini », au gré des professeurs. Le trait proprement dit ne sert guère que pour la délimitation du contour extérieur : partout ailleurs, le relief est obtenu par le jeu des valeurs : les grands plans lumineux sont donnés par le blanc du papier, ils se relient aux parties ombrées par un faisceau de plus en plus serré de hachures parallèles, dirigées dans le sens des formes, perpendiculaires si elles sont verticales, diagonales si elles sont inclinées ou couchées, enfin croisées en losange dans les plis et les creux.

Ce réseau aux mailles flottantes donne aux masses une ampleur et comme une liberté de mouvements inconnues des adeptes exclusifs de la ligne. De là dans les dessins de Millet, plus ondoyants toutefois et moins arrêtés, une certaine analogie avec ceux de Prudhon. Cette liberté a permis à l'artiste de saisir des nuances d'expression, de traduire des gestes hésitants qu'il n'a pu hasarder dans ses tableaux, témoin l'admirable composition de l'*Enfant malade* (vente Rœderer). Sont-ce les mêmes raisons qui expliquent le caractère moins tendu, plus familier, plus riant, de ses dessins, comme si Millet y montrait son génie en déshabillé, ayant dépouillé, pour un instant, la philosophie un peu morose qu'il reprenait ensuite, en même temps que ses pinceaux?

V

Millet a été, durant toute sa vie, un isolé. Il a connu des amitiés précieuses, conquis d'ardentes sympathies. Il n'a eu ni imitateurs ni disciples. Courbet, de qui on l'a rapproché, était un esprit et un tempérament tout autre. Dévoré d'orgueil, traversé de bouffées ambitieuses, il songea de bonne heure à se faire de son art un tremplin politique. La glorification désintéressée du travail régulier et monotone n'avait rien qui le tentât. Célébrer les réfractaires, les miséreux, arborer au bout de son appuie-main le fanion du paupérisme, à la bonne heure! Revendications sociales à part, il a surtout, de la vie rustique — nous n'oublions ni les *Casseurs de pierres*, ni les *Cribleuses de blé*, — exalté le libre vagabondage, les siestes et les crevailles. Son métier à base de noir, robuste et sain, mais un peu massif et vulgaire, ne recherche ni l'enveloppe ni les transparences lumineuses.

La communauté d'antipathies qu'ils soulevaient, chez les tenants de l'académisme et les conservateurs apeurés, a seule associé ces deux hommes. Leur attitude respective, lors de l'insurrection de la Commune, suffit à les différencier nettement. Courbet s'y jette à corps perdu, Millet écrit dédaigneusement, de Cherbourg, le 25 avril 1871 :

HOMME, FEMME ET ENFANT

« Monsieur le rédacteur, le numéro du journal *la France* du dimanche 23 de ce mois me tombant sous les yeux, je m'y trouve nommé membre d'une commission d'artistes dite : Fédération des artistes de Paris. Je refuse l'honneur qu'on m'a voulu faire... »

Le seul artiste, parmi ses contemporains, dont l'œuvre, dans son ensemble, présente quelques rapports avec la sienne, est Jules Breton, peintre attitré des paysans de l'Artois, et, çà et là, de la Bretagne. Il existait également certaines analogies entre les hommes, l'un et l'autre cultivés, sincères, et sympathisant de toute leur âme avec leurs agrestes modèles. Mais là s'arrêtent les ressemblances. Jules Breton a étudié les paysans sous l'empire d'une idée préconçue : retrouver chez eux un type originel de la beauté, dans leurs travaux et dans leurs fêtes le rythme sacré des thesmophories.

Qu'importe après cela qu'il soit autorisé à revendiquer, dans l'ordre chronologique, la priorité sur son confrère, et qu'il établisse que, dès 1847, il se passionnait « pour le mouvement naissant qui entraînait une partie de la jeune école vers les scènes populaires », tandis qu'en 1848, celui-ci « en était encore à ses premières recherches dans un caractère bâtard : un compromis entre l'afféterie du style Louis XV et une enflure maçonnée et molle à la fois qui cherchait Michel-Ange » ? Millet avait d'avance répondu d'un mot : « M. Breton peint des filles qui sont trop jolies pour rester au village », où s'exprime toute la différence de vision et d'idéal des deux artistes.

Le peintre des chairs de lait et de roses, Chaplin, eût été plus fondé à revendiquer tout au moins le bénéfice d'un quasi-synchronisme dans leurs tentatives, car l'année qui suivit le *Vanneur* (1849), il exposait un *Pâtre des Cévennes*, et, en 1851, un *Muletier de la Lozère*, un *Troupeau de cochons* et une *Fileuse du Cantal*, traités dans un sentiment d'implacable réalisme, qu'il devait au surplus abandonner définitivement, à quelque temps de là, pour la pure convention décorative.

Quant à Charles Jacque, il subit, à n'en pas douter, l'influence de Millet, avec lequel il entretint, durant de longues années, des rapports assez accidentés. Ses dessins surtout en témoignent avec évidence. Mais l'animalier, chez lui, prime de très loin le figuriste, ce qui limita d'autant l'action exercée sur lui par son ami.

Ceci dit, la liste des imitations et des affinités est close, pour les œuvres produites de son vivant. Mais, trois ans après sa mort, au Salon de 1878, un débutant, connu par quelques portraits d'un sentiment naïf et d'une exécution serrée, exposait sous le titre *les Foins*, un tableau qui promettait un nouveau peintre de la vie rustique. On n'a pas oublié les ouvrages qui suivirent : la *Récolte des pommes de terre*, le *Mendiant*, le *Père Jacques*, *l'Amour au village*, ni la douloureuse surprise de cette carrière tranchée par un mal inexorable.

Dans quelle mesure Bastien Lepage s'est-il pénétré des enseignements de Millet? qu'est-ce qui en est passé dans ses toiles? L'esprit, et l'esprit seulement. Même obser-

PAYSAN FENDANT DU BOIS

vation respectueuse, même sincérité de rendu : la femme des *Foins*, qui, plantée sur son séant, les bras collés aux jambes, regarde devant elle avec la fixité sans pensée d'un ruminant ; celle qui maintient ouvert le sac de tubercules, pour y déverser le contenu de son panier, avec la seule préoccupation de n'en rien laisser tomber au dehors, ces créatures au front bas, à la large mâchoire, aux formes trapues, Millet ne les désavouerait pas : elles ne viennent pourtant point de son œuvre, mais de quelque ferme lorraine. La déférence devant la nature, le scrupuleux souci de ne point la déformer, sous prétexte de l'embellir, voilà ce qui apparente les deux artistes, mais la passivité de ces êtres est ici moins accablée, ils ont, on le sent, leurs répits et leurs gaietés. D'autre part, le métier de Bastien est infiniment plus minutieux, partant plus sec ; admirablement détaillées dans toutes les mèches de leurs cheveux et les accidents de leur épiderme, ces journalières ne baignent point suffisamment dans leur milieu, l'ambiance aérienne fait défaut.

Plus récemment sont venus les *Moissonneurs au travail*, la *Paie des moissonneurs*, la *Vendange*, le *Vin nouveau*, de Lhermitte, vastes compositions bien équilibrées où les travaux de la terre sont représentés dans le même sentiment d'attentive sollicitude, mais que vulgarisent un peu, dans les personnages, une sorte de complaisance démocratique pour leur rôle social et un soupçon de pose d'atelier, et, dans l'exécution, un dessin moins volontaire et un coloriage par trop indifférent.

Il y avait plus d'art, de jolies carnations frissonnantes, une entente délicate de l'enveloppe, dans la *Manda Lamétrie*, de Roll. Cazin aussi, en ses transpositions bibliques, s'est sûrement souvenu du maître de Barbizon. Son souvenir enfin plane, indéfectible, sur toute une génération de peintres, jaloux à bon droit de leur idéal comme de leur technique, mais qui doivent à Millet, sans peut-être s'en rendre bien compte, l'intelligence de ce que le travail communique de noblesse aux plus humbles conditions humaines, l'affranchissement des élégances conventionnelles et des poétisations oiseuses, et une louable aspiration à ne chercher le beau que dans le vrai.

VI

« Dégager des plus humbles spectacles de la vie, a dit excellemment M. André Michel, la part d'émotion humaine et d'intime beauté qui s'y cache, — les aborder non plus avec la préoccupation pédantesque et la vaine curiosité du *document* tel que l'entendirent les manifestes tapageurs et si vite oubliés du naturalisme, mais avec cette sympathie révélatrice qui découvre sûrement, parce qu'elle le désire ou le crée, le sens idéal de toute réalité, — rendre sensible en des images claires aux yeux de la foule ce qui, à portée de sa main, est digne d'être aimé : — voilà, en dernière analyse, ce que Millet a appris aux

L'ENFANT MALADE

peintres de son temps, prisonniers entre l'académisme stérile et le réalisme brutal. »

La sympathie, voilà en effet ce qui caractérise au plus haut point l'art de Millet, entendons par là ce sentiment profond de la communauté humaine qui respire, chez Rembrandt, dans le *Bon Samaritain* et la *Famille du menuisier*. A ce degré, l'art du peintre s'imprègne de philosophie générale et devient une des manifestations supérieures de l'esprit. Sous les artifices nécessaires du métier, à travers les particularités de la vision, se dégage cette seconde vue des choses qui relie, à travers le temps et l'espace, tous les cerveaux prédestinés, et réalise peut-être la seule conscience que le monde puisse prendre de lui-même. De qui émane la page puissante et sombre qui suit? « Si, en regagnant le château, je rencontrais quelque laboureur à l'orée d'un champ, je m'arrêtais pour contempler cet homme, né parmi les gerbes où il devait être moissonné, et qui, pour ainsi dire, retournant la terre de son tombeau avec le soc de sa charrue, mêlait ses sueurs brûlantes aux pluies glacées de l'automne. Le sillon qu'il venait de creuser était le monument destiné à lui survivre. J'ai vu les pyramides du désert et ces sillons abandonnés sous mes bruyères : les uns, comme les autres, n'attestent que les travaux et la rapidité des jours de l'homme. » On a reconnu, sans doute, l'âcre amertume de René. En quoi ce passage diffère-t il, au point de vue de la conception de la destinée, de l'*Homme à la houe* et des *Glaneuses*? De part et d'autre c'est la même contemplation mélancolique, le même sentiment de l'inévitable, nuancé, chez Chateaubriand, d'une sorte d'épicurisme fataliste qui se complaît à moduler le *vanitas vanitatum*. Nonobstant leurs différences profondes d'origine et d'éducation, les deux hommes prennent rang, à cinquante ans de distance, dans ce chœur de désabusés illustres dont la plainte restera l'écho le plus sonore et le plus prolongé du XIXe siècle.

A ce vaste *lamento*, Millet a apporté une note originale et pénétrante. L'absence, dans son œuvre, de grossissement factice, de mise en scène déclamatoire, son parti pris d'éviter toute incrimination sociale, toute revendication violente, voilà le secret de la confiance qu'il inspire et de l'émotion qu'il provoque.

Et ce qui fait la vérité de ces représentations, leur donne en même temps leur grandeur, entendons par là cette empreinte philosophique, ce sentiment de l'universel qui, chez Millet, se dégage toujours des particularités locales du costume et de la région.

On retrouve à chaque instant, dans ses conversations, ce penchant à rattacher le présent au passé, à élever le particulier au général, à rechercher, sous le fait momentané, l'antiquité vénérable de l'histoire. A Gruchy, devant une vieille femme occupée à puiser de l'eau à la fontaine, « Regardez comme elle est belle, disait-il, elle a l'air de porter l'eau sacrée : et ce n'est que pour son ménage. » Et une autre fois : « Tenez, regardez là-bas, sur la hauteur, cette fumée qui monte au ciel, comme le sacrifice

FEMMES SE CHAUFFANT
(Collection Henri Rouart.)

d'Abraham ; n'y voyez-vous pas une proportion biblique et pleine de grandeur ? elle s'élance dans le firmament en une colonne qui prend l'importance d'un monde. Pourquoi les villes se refusent-elles à croire aux grandes figures de la campagne ? tout y est grand, sur un grand piédestal. » Puis, se reprenant : « Eh bien ! cette fumée biblique qui sort de là-bas, c'est tout simplement un feu de bonnes gens qui, ce matin, ont battu leur sarrasin, et qui, ce soir, en brûlent les parties inutiles, pour fumer la terre. »

Quoi de plus explicable, dès lors, que l'air de majesté, l'allure épique des compositions de Millet ? Il a suffi qu'il exprimât tout ce qu'il y a de permanent, d'humain dans le travail de la terre et la condition de ceux qui s'y adonnent. Par delà ces tâcherons aux courtes vestes, aux pantalons déformés par les genoux, aux mains calleuses qu'ils ne peuvent plus refermer qu'à demi, la pensée entrevoit les innombrables générations qui ont peiné de même avant eux, et dont la terre a englouti la poussière, comme elle absorbera la leur, et il y a quelque chose de tragique dans le spectacle de cet acharnement séculaire de la pauvre humanité sur la glèbe, qui ne lui livre ses trésors qu'en parcelles jalousement marchandées, sans lui jamais assurer cette épargne qui lui ferait seule enfin les mains libres et le front serein.

Cependant son art n'est pas toujours tendu, on l'a vu, dans ce sentiment de commisération admirative que lui inspire l'âpre labeur du paysan. Si peu de place qu'y tiennent les joies naturelles, ces courts moments de détente sont délicieux comme une brise fraîche après l'accablement d'un jour torride. La jeunesse inconsciente, à défaut de gaieté nettement exprimée, y met sa note candide, comme un court chant de flûte. Enfin la nature sublime est toujours là, insensible aux peines humaines, mais les couvrant du manteau de ses magnificences. Sur les humbles tâches rustiques, les rayons du couchant, les lueurs de la lune viennent poser une auréole ou mettre une caresse, et l'infinité des êtres passagers semble s'y résorber dans la grandeur des destinées cosmiques.

Telle nous apparaît cette mâle figure de Millet, dont nous aurions voulu exprimer, comme nous la sentons, la mélancolie méditative. La noblesse, l'élévation sont la marque même de sa pensée. Il s'apprêtait à l'écrire — avec quelle savoureuse naïveté, quelle barbarie grandiose — sur les murs du Panthéon, quand la mort le ravit avant l'âge. Il n'en avait pas moins eu le temps de s'assurer un nom impérissable. Ses œuvres sont l'honneur des musées, le « clou » des ventes à sensation, et n'ont plus rien à redouter que de l'admiration des sots. Son influence est, avec celle de Corot et des grands impressionnistes, prépondérante dans notre école actuelle : si celle-ci ne lui a pas emprunté sa technique, elle lui doit cette large compréhension de la vie contemporaine, cette sympathie pour le travail en action, cette préoccupation du milieu atmosphérique et lumineux qui ont, en grande partie, opéré son relèvement après la période impériale, et lui ouvrent, à l'heure qu'il est, de longues et brillantes perspectives.

TABLE DES GRAVURES

TABLE DES MATIÈRES

6986-03. — Corbeil. Imprimerie Ed. Crété.

Paris
H. Laurens
Editeur
6, Rue de Tournon

www.ingramcontent.com/pod-product-compliance
Ingram Content Group UK Ltd.
Pitfield, Milton Keynes, MK11 3LW, UK
UKHW021823190726
13853UKWH00003B/1156

9 782329 559896